Ignaz Aurelius Fessler

Sydney

Ein Trauerspiel in 5 Aufzügen

Ignaz Aurelius Fessler

Sydney
Ein Trauerspiel in 5 Aufzügen

ISBN/EAN: 9783743363649

Hergestellt in Europa, USA, Kanada, Australien, Japan

Cover: Foto ©ninafisch / pixelio.de

Manufactured and distributed by brebook publishing software
(www.brebook.com)

Ignaz Aurelius Fessler

Sydney

Sydney

Ein Trauerspiel

in

fünf Aufzügen.

So auf dem Lemberger Theater in Gallicien mit
Censur am 9ten Febr. 1788. von der Tosca-
nischen Gesellschaft aufgeführt,

nach der Aufführung aber gleich unterdrückt
worden ——

und dann wichtige Folgen für den Verfasser
gehabt.

gedruckt zu Cölln 1788.

Personen.

Sydney, ein englischer Ritter, 24 Jahr alt.
  Philosoph.   Hr. Fournier.

Miß Jenny Lille, 20 Jahr alt, ein tugend=
  haftes gefühlvolles Mädchen, Stiller Gram
  und Schwermuth sind die Hauptzüge ihres Ka=
  rakters, Sydneys Geliebte.   Mdm. Toskani.

Blandford, Offizier, 56 Jahr alt,
  ein feuriger Patriot.   Hr. Keller.

Harrington, Graf, 45 Jahr alt, Sods
  ein schlauer wohlerfahrner Welt= neys Freuns
  mann, doch theilnehmender Freund. de.   H. Toskani.

Miß Lindsey, Kammermädchen der
  Lille.   Madm. Fournier.

Kirke, Obrister Jakob des II. 50 Jahr alt,
  ein rauher, grausamer, lasterhafter Mann.
  Falscher Religionseifer, Hang zur Wollust und
  Blutdurst zeichnen den Bösewicht.   Hr. Bürger.

Jeffreys, Königlicher Kanzler,
  50 Jahr alt. Dem Kirke
  ganz ähnlich, nur ist seine Bos= Jakobs
  heit versteckter.   abges= H. Kundisius.

Romney, Graf und Truchseß ordn.
  des Königs, 30 Jahr alt. Mäthe
  Gerechtigkeitsliebe ist der vor=
  züglichste Zug seines Karakters   Hr. Walter.

Clarendon, Graf und Ma=
  jor, 40 Jahr alt, gut und ge=
  recht aus Laune, aus Furcht
  böse.   Hr. Lehmann.

Tarring=

Tatring, Lieutenant, 26 Jahr alt, schlau, und
zu jedem Bubenstück aufgelegt.   Hr. Rhode.
Farrham, 60 Jahr alt.   Kerkermeister.
Eigennuß ist der Hauptzug seines Karak-
ters.   Hr. Schröder.
Berkeley, Gerichtschreiber.   Hr. Wall.
Wollaston, Lieutenant von Monmuths
Anhang.   Hr. Rutkowski.
Ladi Ware, Gastwirthin in
Chedder.   Mdm. Rutkowski.
Foulsham. ⎫
Holt.   ⎬ Englische Pächters. Hr. Loßow. Hr. Laerch.
Walron.   ⎭   Hr. Rundthaler.
Chertsey, Kirke's Bedienter.
Kilham, Harringtons Bedienter.

Stumme Personen.

Wowell, des Herzogs von Monmuth Geheimschreiber.
Ladi Gaunt Witwe, eine Wieder-
täuferin.   Mdm. Amor.
Ein Knabe, ihr Sohn.   Mds. Toskani.
Soldaten. Wachen.

Das Stück spielt in Bridgewater 1685. den 26.
27. und 28. Julius.

Erster

Erster Aufzug.

Erster Auftritt.

(im Gasthof zu Chedder.)

Foulsham. Holt. Watton. Ware.

Foulsham.

Heida Bursche, zecht wacker drauf! izt sind unsere Zeiten! es lebe der katholische König! (trinkt)

Holt und Watton. Es lebe der katholische König!

Holt. Foulsham, du bist bei meiner Seele ein tapferer Kerl! wenn man's mit dir hält, hat man doch bisweilen was zum Besten, der heutige Braten war so ganz treflich gespickt. Ich dacht' ich zerplatze, wie du den alten Teufelsprediger geschoren hast! (trinkt)

Foulsham. Ha! ha! ha! der Ketzer wollte lang nicht daran, wär' er nicht bald mit dem Klingelbeutel

heraus

herausgerückt, hol mich der Teufel, ich hätt' ihn Gott zu Lieb in den Bach gestürzt!

Ware. Aber, Foulsham, es kann euch doch einmal fehlschlagen!

Foulsham. Landlabi, möchtet ihr uns nicht lieber einschenken, als in eurer dummen Schenksprache predigen?

Ware. Gott straf' euch nicht! der arme Prediger! ihr habt ja selbst Händel mit ihm angefangen.

Foulsham. Was versteht ihr davon, dummes Gänschen? eingeschenkt, oder —

Watton. Mich drückt doch ein wenig das Gewissen, wir haben dem armen Kerl sein Letztes weggenommen, das ist doch kaum zu verantworten.

Foulsham. Das Verantworten überlaß du mir! Du bist ein Narr, und Narren haben nichts zu verantworten!

Watton. Aber mein Gott! man soll doch seinen Nächsten lieben wie sich selbst.

Foulsham. Hä! ha! ha! als wäre der Wiedertäufer unser Nächster? das werd' ich unserm Pfarrer erzählen. Ich will des Teufels seyn, wenn er sich nicht halb todt lacht! Hier, einfältiges Lamm Gottes, ertränk deine Skrupeln im Krug!

Holt. St! St! St! stille Bursche! was für Herren kommen da?

Zweiter

Zweiter Auftritt.

Kirke. Jeffreys. Romney. Clarendon. Die
Vorigen.

Kirke. Guten Tag Weibchen!

Ware. Eure Dienerin Mylord!

Kirke. Bringt uns den besten Wein, den ihr habt!

Ware. Gleich sollt ihr bedient seyn. (ab)

Kirke. (zu den Pächtern) Wer seyd ihr?

Foulsham. Wir sind Pächter von Arbridge und
Wringten.

Kirke. Von welcher Religion?

Foulsham. Mylord — wir — sind — wir
sind —

Kirke. Nu was seyd ihr?

Foulsham. Wir glauben was ihr glaubt Mylord! wir sind Wiedertäufer.

Kirke. Höllengeschmeiß!

Foulsham. Nein! Nein Mylord! wir sind Rö-
mischkatholisch!

Kirke. Schurke! warum sagt ihr, ihr wäret
Wiedertäufer?

Foulsham. Ach mein Gott! man weiß ja öfters
nicht, wie man mit reisenden Herren so recht daran ist.

Jeffreys zu Kirke. Ob diese nicht die Pächter
sind, die dem Prediger sein Geld abgedrungen haben?

A 4   Fouls-

Foulsham. Ja wir sind es Mylord!

Watton. Ich nicht! will auch nichts davon wissen!

Foulsham. Aber er hat Gott und den König beleidigt. Wir freuten uns eben über die Höllenfarth des Herzogs von Monmuth, der Prediger kam dazu und sagte: tröst' ihn Gott den Armen! Denket nur selbst Mylord, welche Gotteslästerung! wir folgten ihm also nach, wollten ihm das Leder ausklopfen, weil er uns aber etwas Geld angebothen, ließen wir ihn laufen. Doch gaben wir ihm einige wohlgemeinte Faustnächteln mit auf die Reise, damit er nicht ganz ohne Strafe Gottes durchkomme.

Romney. Unverschämte Buben! das that ihr?

Kirke. Stille! Ihr habt recht gethan! Wer Monmuth bedaurt, schimpft Jakob; und wer Jakob schimpft, hat keine Religion. Gott wird euren Eifer belohnen, und damit er euch darin stärke, so nehmt dieß (giebt ihm etwas Geld) und trinkt noch eins auf Jakobs Gesundheit!

Foulsham. Heisa Bursche! seht den Seegen Gottes! öfters diesen Seegen, und wir schlagen alle Ketzer todt.

Ware. (bringt vier Gläser Wein) Wenn er euch nur anständig ist?

Kirke. (trinkt) Er ist katholisch ! — Höret einmal, seyd ihr verheyrathet?

Ware.

Ware. (nach einem Seufzer) Ach ja Mylord!

Kirke. Ihr sagt das so gewiß unzufrieden: führt sich denn euer Mann nicht gut auf?

Ware. Leider Gott!

Kirke. Nu, dem ist leicht abzuhelfen, ihr seyd noch immer eine Wirthin gegen die ein gesunder Gast barmherzig seyn könnte.

Ware. (fällt ihm zu Füßen) Ach Mylord! seyd ihr's?

Kirke. (zu Jeffreys) Das wäre so etwas zum Vesperbrod — steht auf! — (spielt um ihr Kinn, sie zieht sich zurück) wo ist dann jetzt euer Mann?

Ware. Ach Mylord er sitzt schon 8 Täge im Gefängniß: seyd gnädig wenn ihr könnt! gebt mir meinen Mann wieder!

Kirke. (zu Jffreys) So! sie verlangt eine ganz andere Barmherzigkeit! — Was hat er verbrochen?

Ware. Foulsham tranck hier mit einem fremden Pächter; sie geriethen in einen kleinen Wortstreit, dann kamen sie in's Raufen, Foulsham erhaschte einen Stulfuß, und schlug den Pächter so lang bis er liegen blieb: mein Mann kam dazu und jagte Foulsham mit einigen Stockstreichen zur Schenke hinaus, und deßwegen hat man ihn eingesperrt.

Kirke. (zu den Pächtern) Für diesmal geht zum Richter und sagt der Obriste Kirke sehe gern, daß der

Wirth aus dem Gefängniß entlassen würde. (der Wächter ab) Euer Mann ist also auf freien Fuß gestellt, aber unter einem Bedingniß! (ergreift sie bei der Hand, ihr sachte in das Ohr) daß ihr mir auf meiner Rückreise eine gnädige Wirthin seyd. Versteht ihr mich?

Ware. (will ihm die Hand küssen) Ewigen Dank Mylord für eure Güte! (Kirke will sie lassen sie zieht sich zurück)

Jeffreys. Wer kommt hier?

Dritter Auftitt

Harrington, die Vorigen.

(Harrington sieht in die Schenke, erschrickt über den Anblick des Kirke, faßt Muth, und tritt herein)

Harrington. Landladi mir ein Glas Bier, meinem Pferde etwas Heu! —

Ware. Gleich sollt ihr bedient seyn!

Kirke. Wer seyd ihr mein Herr?

Harrington. Nur ein Edelmann, mein Nam ist Stofford.

Kirke. Woher kommt ihr Mylord?

Harrington. Von Bridgewater, und reise nach Bristol, um meinem mit dem Tode ringenden Oncle an der Schwelle der Ewigkeit beizustehen.

Jeffreys. Was spricht man vom König in Bridgewater?

Harrington

Horrington. O der gute König! Gott gebe ihm
lange und frohe Tage, damit er Ruhe und Zufriedenheit wieder herstelle (geheimnißvoll) Monmuth hat noch
starke Anhänger aber ich hoffe, weil sie Ketzer sind, wird
sie Gott zerstreuen, und zu Schanden machen.

Kirke. (schlägt ihn auf die Schulter) Bravo guter
Mann! seyd getrost! Wir reisen eben im Lande herum
mit unumschränkter Gewalt, um alle in geheim versteckte Anhänger des Herzogs von Monmuth aufzusuchen, sie zu Addresseurs zu machen oder henken zu lassen.

Harrington. Der Himmel segne eure Unternehmungen, und stärk' euch in eurem Beruf!

Ware. (bringt ein Glas Bier). Hier mein Herr
was ihr verlanget!

Kirke. Weibchen, wir müssen weiter: thut eurem
Manne recht schön, vergeßt aber dabei seines Erretters
nicht! Versteht ihr mich? — lebt wohl Sir Stafford!

Ware. Reiset glücklich Mylord!

Harrington. Viel Glück zu eurem Beruf: —
(für sich). Sie reisen im Lande herum um Monmuths
Anhänger zu Addresseurs zu machen oder zu morden?
— Vielleicht reisen sie nach Bridgewater, dann wehe
meinen Freunden! — Ich will sehen — (zum Fenster)
richtig sie nehmen die Straße gegen Bridgewater —
Wir sind verrathen! — jetzt mag Monmuth aufsuchen
wer will. Ich kehre zurück um Sydney und Blands

forb bie bevorftehende Gefahr kund zu machen! — Abdreffeurs werden, oder hangen; keines ift uns anftändig! — Ich muß fort, — Landladt hier ihr Geld!

Ware. Richtig!

Harrington. Lebt wohl. (ab)

Ware. Glückliche Reiſe! (ab)

Vierter Auftritt.

(in Sydney's Saal zu Bridgewater)

Blandford, Sydney.

Blandford. Noch verzweifle ich nicht an Englands Rettung! (geheimnißvoll) Monmuth lebt!

Sydney. Freund hätteft du deine Freyftatt in Holland nie wieder verlaffen? nachdem du's aber gethan, so laße dich nicht durch Volksfage und Weibermärchen täuschen: unfer Freund Monmuth ift wirklich todt!

Blandford. Monmuth todt! Nein Sydney er lebt! (giebt Sydney einen Brief) hier lis!

Sydney. (lächend) Doch nicht von Monmuth? oder hat ihm Elias die geheimen Poften verrathen, durch die Elyfiums felige Geifter Briefe an Sterbliche fenden?

Blandford. Scherze nicht; lis!

Sydney (lift) Der Zuftand des Vaterlandes und das Schickſal feiner Helden kann einem Patrioten

wie

wie ihr seyd nicht gleichgultig seyn. Der Bruder des Königs, der Herzog von Monmuth ist den 6 Julius bei Sedgembr gefangen, und vom König zum Tode verurtheilt worden. Marsden ein Lieutenant von seiner Armee stahl sich in das Gefängniß, rettete den Herzog, und ging für Monmuth, dem er am Alter, Wuchs und Gesichtsbildung ganz ähnlich war auf das Schaffot. Der Herzog flüchtete sich nach Franckreich, soll aber vor einigen Tagen nach England zurückgekehrt seyn, und inkognito zu Pontipool an neuen Planen arbeiten. Wir wünschten daß ihr Holland verließt, um euch mit uns zum allgemeinen Besten zu vereinigen. Könntet ihr auch Grafen Harrington zur Rückkehr bewegen, so würdet ihr unsern Hoffnungen die besten Aussichten eröffnen: seine feine Politik käme unsern Absichten trefflich zu statten. Wir erwarten alles von eurem Patriotismus. Euer Freund Chesterfield.

Blandford. Nun! ist Monmuth todt? — du lächelst? — Wie aber wenn Harrington von Monmuth selbst, heute noch, oder doch morgen ganz gewiß Nachricht brächte? Ich hab ihn eben heute vor Tages Anbruch nach Pontypool abgesandt!

Sydney. Und Harrington ist abgereißt?

Blandford. Das ist er!

Sydney.

Sydney. So hoffe keine Nachrichten von Mon‎muth. Der Herzog ist im Reich der Todten, ist Har‎rington bei ihm, so sehen wir ihn nicht wieder!

Blandford. Rasest oder träumst? Dieser Brief—

Sydney. Ein Traum im Traum geschrieben, der dich doch nicht länger blenden soll. Höre Blandford! Monmuth rettete mir einstens das Leben, und du darfst mir sicher glauben, daß ich meinem Retter in's Gesicht sahe, folglich daß ich den Herzog kenne. Der Tag an welchem das ehrwürdige Haupt meines Vaters, unter dem Schwerdt des Scharfrichters zu den Füßen seiner Freunde fiel, erstickte in mir plötzlich jenen Geist den die Addresseurs Schwärmerey, die Abhorranz Vater‎landsliebe nennen. Für beide Partheyen todt, leb' ich nur für mich, und noch eine Seele an die mich höhere Kraft bindet. Monmuths Niederlage weckte meine Dankbarkeit, und forderte sie zur Thätigkeit auf. Ich machte ihm Gelegenheit zur Flucht, bereit jedes Schick‎sal mit demjenigen zu theilen, dem ich mein Leben zum zweitenmale zu verdanken hatte, floh' ich selbst mit ihm. Die Feinde setzten uns nach, Monmuth sprang in einem Feldgraben, und suchte Sicherheit in dem Schlamm. Aber das Geschick beschloß seinen Untergang; er wurde entdeckt, und in Banden geschlossen zurückgeführt nach Bridgewater. Alle rechtschaffene begleiteten ihn mit Thränen zum Schaffot, und sein Haupt fiel auf dem fünften Strich von seinem Rumpf. Monmuths Feinde gaben für: Marsden nicht Monmuth wäre enthauptet worden; der entseelte Leichnam wurde beschaut; und an einer Narbe an der rechten Schulter erkannte man den Herzog, des Königs Bruder. Nun weißt du alles.

Blandford. (In Gedanken vertieft dann etwas feurig:) Leider weiß ich zu viel! — Doch ich will noch hoffen. Sydney und Harrington lieben ja das Vaterland: eure Einsichten mit meinem Muth und Stärke vereinigt, werden es retten.

Sydney. Harringtons Entschluß ist mir noch unbekannt, den meinigen will ich dir nicht vorenthalten.

Blandford. Er ist?

Sydney. Für mich zu leben, und England seinem Schicksal zu überlassen.

Blandford. Ist dies dein wahrer ernstlicher Entschluß?

Sydney. Warum nicht Freund? sollen mir die Pflichten gegen mich selbst nicht heilig seyn?

Blandford. Aber noch heiliger die Pflichten gegen das Vaterland!

Sydney. Englands itziger Zustand erläßt mir diese und erlaubt mir jene zu erfüllen.

Blandford. Dies ist also dein wahrer ernstlicher Entschluß; nichts mehr zu Jakobs Sturz, und Englands Rettung zu unternehmen?

Sydney

Sydney. Nicht einen Schritt!

Blandford. Du wärest also für Ruhm und Ehre
a f einmal ganz unempfindlich?

Sydney. Ganz unempfindlich. — Freund was
ist Ruhm? ein eingebildetes Leben durch fremden
Athem, etwas das auch vorm Tode nie in unserer
Gewalt stehet. Du hast nicht mehr davon, als was
du hörst, was du nicht weißt ist einerley, ob du's hast
oder Sydney!

Blandford. Monmuths Niederlage hätte also
alles Heldengefühl in dir erstikt?

Sydney. Aufruhr und Mordsucht die du Heldengefühl nennest kannt' ich nie; wohl aber weiß ich
daß alles was deine Helden erhebt, die Menschheit
erniedriget; sie sehen sich alle einander gleich, vom
mazedonischen Tollkopf bis zu Karl den XII. Der
ganze abentheuerliche Zweck ihres Lebens ist, in der
ganzen Menschheit Feinde zu suchen oder zu machen;
keiner sieht zurück was er schon verheert, alle vorwärts was noch zu verheeren ist. Englands Bürger
können und wollen nicht gerettet seyn, rette sie wieder
ihren Willen, und du machst dich entweder zum
Mörder oder zum Rebellen Fluch und Verachtung der
Menschheit beflecket dann deine Wunden oder deine
Lorbeern!

Bland.

Blandford. (beiseit.) Du erinnerst mich an eine
Anmerkung, die pedantische Lehrer im steifen Schulton
gewöhnlich machen, wenn sie über den Curtius vor-
lesen; nicht wahr?

Sydney. Ich spreche aus Betrachtung menschli-
cher Thorheiten, und aus Kenntniß unserer Tage;
Ich spreche also nach Grundsätzen, und spreche wahr:
Wahrheit aber ist selten die Sprache der Schulen, wo
gesoldete Lehrer für Taglohn die Wahrheit zur Hure
machen.

Fünfter Auftritt.

Harrington, die Vorigen.

Harrington (schnell hereintretend) Freunde wir
sind verrathen!

Blandford. Verrathen! verrathen?

Harrington. Wenigstens droht uns ein wichtiger Vorfall Gefahr!

Blandford. Die ich nicht fürchte, so lang dieser
Arm noch Männerkraft stärket, und dies Schwerdt
(zieht den Degen) in den Eingeweiden der Feinde noch
wüthen kann. Sage wo ist Gefahr, ich will hin! will
ihr Trotz bieten! (Sie ziehen ihn zurück) laßt mich.

Sydney. Blandford!

Harrington. Höre doch.

Blandford. (Noch schnaubend) sprich!

B   Harring-

Harrington. Vor Tagesanbruch begab ich mich auf die Reise, zu Chedder stieg ich im Gasthof ab, traf allda Kirke, Jeffreys, Clarendon, und Romney. Durch Verstellung lokt' ich ihnen das Geständniß der Absicht ihrer Reise ab.

Blandford. Und die ist?

Harrington. Monmuths geheime Anhänger entweder zu Addresseurs zu machen, oder henken zu lassen. Sie nahmen die Straße nach Bridgewater. Ich ritt' ihnen in der Entfernung einer halben Meile nach, eben sind sie angekommen. Ich dacht' es wäre wichtiger euch diese Nachricht zu hinterbringen, als auf Abentheuer auszureiten, und unsern verstorbnen Herzog im Feenland aufzusuchen.

Sydney. Ganz gewiß hättest du ihn umsonst gesucht!

Harrington. Aber Blandford, und sein Brief!

Sydney. Ist ihm schon erläutert. — (zu Blandford) Blandford du wirst nachdenkend, deine Stirne droht, dein Auge funkelt, dein Mund schäumet? wo soll dieß hin?

Blandford. Ha die Helden des Vaterlandes ermordet! — Jakob auf dem Thron, die Freiheit der Nation zertrümmert, Brittannien in Fesseln! — das würgt, das wurmt, das brennt und weckt den durch

meis

meine Flucht nur unterdrückten, nicht erloſchnen Pa
triotismus zum Kampf für Freiheit!

Sydney.   Patriotismus! — Freiheit! — leere
Töne ohne Bedeutung eitle Worte ohne Begriff!

Blandford.   Das ſpricht Sydney! (faßt ihn bei
der Hand) und in dieſen Adern fließt brittiſches Blut
kraftlos deine Wangen zur Scham zu färben?

Sydney.   Ja brittiſches Blut der Menſchenliebe,
nicht der Schwärmerei zum Opfer bereit. — Die Frei
heit der Nation iſt mir heilig, eben ſo heilig als ihr
Beſchützer, Patriotismus: jene aber iſt nicht herzuſtel
len weil dieſen Englands Bürger noch lange nicht ken
nen werden. — Blandford denke vielmehr auf deine
eigene Sicherheit; der Zuſammenhang, den du vor 3
Jahren mit Monmuth hatteſt, iſt verrathen, deine Flucht
bekannt, wird deine Rückkehr ruchtbar, ſo iſt's um dich
geſchehen. Fliehe Freund aus einem Lande —

Blandford.   Nein das will ich nicht! Ich will
morden nicht fliehn, morden für das Vaterland und
die Freiheit! Sydney, Harrington, laßt uns alle Abhor
rans aufſuchen, in ein unauflösliches Bündniß zuſam
mentreten, den Bund mit unſerm Blut unterzeichnen,
Mord ſey unſer Loosungswort! unterliegen wir auch,
ſo ſterben wir ja doch mit dem frohen Bewußtſeyn, die
Feinde des Vaterlandes vermindert, und den Nach

B 2   kom

kommen die Ausführung unserer großen Entwürfe erleichtert zu haben.

Sydney. Sprich: erschwert zu haben! Die Gegenparthei ist mächtiger und stärker, durch Aufruhr und Verschwörung aufgebracht, wird sie die unsrige vollends verschlingen und —

Blandford. Halt inne, du stammelst die Sprache der Furcht und der Feigheit, und die hat Blandford noch nicht erlernt.

Harrington. Die Sprache der Klugheit und Mäßigung versteht auch diese Blandford nicht?

Blandford. Keine andere als die des Patriotismus und der Freiheitsliebe, die aus Kromwells Mund wie Göttersprach erscholl, Entschlossenheit, Muth und Stärke in meine damals noch junge Seele goß.

Harrington. Kromwell soll also unser Vorbild seyn? Nun laß sehen ob du deinen Helden kennst. Ich will dir ihn unverrückt vors Gesichte halten: sage, war Kromwell Patriot?

Blandford. O der große der unsterbliche Kromwell! späte Jahrhunderte werden ihn mit Ehrfurcht unter die Muster der Vaterlandsliebe aufstellen!

Harrington. Und was nützte sein Patriotismus dem Vaterland?

Blandford. Er gab ihm Freiheit.

Har.

Harrington. Kennst du auch die Mittel, durch die er diesen großen Endzweck bewirkte?

Blandford. Die Tugenden des Helden! Thätigkeit, Verachtung der Gefahren und Entschlossenheit!

Harrington. Eines und gerade das wichtigste ist deiner Aufmerksamkeit entgangen; zügelloser Ehrgeiß, und Herrschsucht. Er verachtete jede Gefahr, so wie jede Pflicht, um Ehre zu gewinnen, und im kurzen waren Kromwells Eitelkeit und Heil des Vaterlandes gleichbedeutende Ausdrücke. Er suchte Ruhm um des Ruhms willen, und gewann zehntausend Flüche, die das zerstörte Britannien seiner Höhle entgegen heulet. Er wollte England eine neue Verfassung geben, glücklich fand er das große Geheimniß, daß derjenige, der den Grund zu einer neuen Staatsverfassung legt, alle Menschen für Schurken oder Thoren halten; die es nicht sind, dazu machen; und endlich ihre Ausschweifungen, so wie ihre Thorheiten, nach seinen Absichten lencken müsse; aber unglücklich in der Anwendung bemerkte er nur das erstere, und vergaß darüber das letztere, führte also nur Verwirrung ein, die seine Hoffnungen, so wie seine Plane, vereitelte, und ihn auf den letzten Weg, den jeder unbesonnene Staatsreformator endlich einschlagen muß, auf den Weg der Tyranney führte.

Bland-

Blandford. Welch heßliches Bild von Kromwell.

Harrington. Nur im Schatten, aber doch kenn-
bar gezeichnet. Seine Grausamkeiten, und Englands
heutige Verfassung zeugen von der Richtigkeit des Pin-
sels. Nun sage Blandford, ob der Mann der seine
Mitbürger für Schurken hält, der auf diese Maxime
seine Macht gründet, der die in der Anwendung der-
selben aus Geistesschwäche begangene Fehltritte durch
Gewalthätigkeiten verbessert, der mit Aufruhr anfängt,
mit Verwirrung der Gesetze fortfährt, mit Blutvergieß-
sen vollendet, ist dieser Patriot? giebt dieser seinen
Mitbürgern Freiheit? — Pfui schäme dich deines Helden, den der Richterstuhl der Menschheit mit ewiger
Schande und Verachtung brandmarket! Kannst und
willst du Rächer der Nationalfreiheit seyn, so gieb
England Gesetze und Englands Bürgern die Meinung,
daß ihre Gesetze gut sind: die Meinung, daß sie wenn
sie die Gesetze beobachten gerade das thun, was sie
wollen; und du hast sie frei gemacht.

Blandford. In ihrer Einbildung.

Harrington. Da hast du recht! nur setze noch hinzu: durch die allein Menschen von einem einzigen oder
von wenigen können beherrscht werden: nimmt ihnen
diese Meinung, und du machst einen Theil zu Räubern
den andern zu Sklaven.

Sydney

Sydney. Harrington! Blandford ist ein verstockter Sünder deſſen Bekehrung unmöglich wird.

Blandford. So wahr Gott lebt! unmöglich.

Sydney. Blandford ist Soldat, und er ist es mit ganzer Seele. Der Geist des Helden läßt das Gefühl des Menſchen in ihm nie keimen: ſchaff du ihn zum verfeinerten Menſchen, und er läßt die Wuth fahren, aus Vaterlandsliebe auf dem Schaffot zu ſterben.

Blandford. Nein das wird er nicht, ſo lange noch Ruhm den Britten adelt, und Heldenblut Schaffotte heiliget! Ihr kennet Heldengröße nicht, oder ſie iſt für euch zu erhaben darum nennt ihr ſie Wuth! lebt wohl! (will fort wird aber zurück gehalten)

Sydney. Wo willſt du hin?

Blandford. Laßt mich! — Ein Gedanken! — Ein Gott oder ein Teufel denckt ihn in mir, denn es iſt ein großer Gedanken! — bald ſehen wir uns wieder.

Harrington. (Hält ihn zurück) Bleibe doch! ſag wo willſt du hin?

Blandford. Ich will! — den kürzeſten Weg! — nach Witheball! — Ich will den katholiſchen Jakob in Himmel ſchicken.

Sydney. Ein Königsmörder! unſer Freund Blandford!

Blandf.

Blandford. Blandford euer Freund wird dieses Schwerd in Jakobs Herzen umkehren, und ehe er noch den letzten Athem verröchelt hat, soll England frey seyn!

Sydney. Ein Raub des mächtigern seyn. O Blandford! wann hat Königsmord Staaten glücklich gemacht? oder ist auf einem Augenblick eine Mönchsseele in dich gefahren, die dich zum Gesellen dieses elenden Mönchshandwerks machen will? Du willst Englands Retter seyn, deine Absicht ist edel, deiner ganz würdig. Ich sehe die Natur hat dich zu großen Unternehmungen bestimmt, nur die Mittel die du wählest sind gefährlich und zweifelhaft, das Ziel deutet auf andere Wege, ich will sie dir vorzeichnen, wenn anders deine Größe Sydneys Rathschläge noch duldet.

Blandford. Nun wärest du wieder ganz mein! sprich!

Sydney. Sey weder Rebell, noch Königsmörder! Tyrannen legten der Menschheit Fesseln an, und nimmermehr haben sie ihr Rebellen abgenommen. Von der Last niedergedrückt, werden die Menschen schlaff, sie fangen an Sklaverey zu lieben und fühlen die Bande nicht, die sie daran heften. Nur Schwingkraft der Nerven schüttelt sie ab, und diese verschwindet unter Fesseln gerade zum ersten. Ein gewaltsamer Stoß

weckt

weckt träumende Sklaven, aber er muß elektrisch seyn, er muß alle auf einmal und mit gleicher Stärke treffen.

Blandford.   Ich will doch sehen, wo du endlich mit diesem Zeug hinaus willst!

Sydney.   Jakob ist nur noch Despot, nicht Tyrann; sein Volk zittert nur, weint noch nicht; Er ist nicht aus Ueberlegung böse, er ist aber ein schwacher Geist, und sein Herz ist niedrig.   Gehe dann Blandford! Versteckt unter der Maske des Höflings —

Blandford.   Die in meinem militairischen Dialekt die Maske des Schurken heißt!

Harrington.   Gleichviel Höfling oder Schurke! Schurken werden nur durch Schurken wirkliche oder verstellte gefangen.

Sydney.   Also unter der Maske des Höflings werde der Günstling des Königs.   Bist du's so bediene dich seiner Schwäche, bring ihm allgemeines Mißtrauen gegen seine Gegner sowohl, als Anhänger bei. Vom Mißtrauen zur Furcht, von Furcht zur Tyranney ist nur ein Schritt, und diesen machen kurzsichtige Fürsten eben so leicht als geschwind.   Mach ihm dem Adel verhaßt, dem Bürger verächtlich; laß ihn alle durch Gesetze bestätigte Freyheiten und Rechte der Nation durch einen einzigen Kabinetsdonner: Ich will! zernichten.   Mach ihn zum Wollüstling, daß er der Mann aller Weiber, und der Freyer aller Mädchen

werde, und alle durch Natur, Religion, und Gesetze geheiligte Bande zerreiße. Hilf ihm morden und rauben; opfere seiner Wuth einige hundert unschuldige Bürger zum Heil künftiger Generationen. Hilf ihm die Menschheit im Staube zertreten, damit sie aus der tödtlichen Schlafsucht erwache, und der Wunsch, daß ein Eroberer oder Patriot komme, der den Thron stürze, und den Tyrann unter seinen Trümmern begrabe, der Wunsch des ganzen Volks werde: Dann hast du gewonnene Sache; dann wenn Schwermuth und Traurigkeit Nationalcharakter geworden, wenn der Edelmann seinen Pallast, der Pachter seine Hütte der Soldat sein Gezelt der Priester den Altar mit Thränen begießt, wenn ganz England weint, und nur mehr von Gräbern Würmern und Grabschriften spricht; dann wenn du Jakob zum Tarquin oder zum Cäsar gemacht; dann sey du Brutus der Britten, gieb Brittaniens Söhnen das Signal zum Kampf, streite, siege, und lasse dich Vater des Vaterlandes taufen!
— — — Hier ist der Plan zu Englands Rettung prüfe du ihn bei kalter Vernunft; findest du ihn richtig, so folge deiner Bestimmung; wo nicht, so vertausche Vaterlandsliebe mit vernünftiger Selbstliebe, wähle entweder Flucht, oder stilles zufriedenes Leben in dem engen Zirkel deiner Freunde!

Harrington. Nu Blandford was wollen wir?

Bland.

Blandford. Den geraden Weg gehen!

Harrington. Und wohin?

Blandford. Zum Tempel des Ruhms und der Unsterblichkeit, der muthigen Patrioten offen steht, intrikanten Schurken, zu dem mich Sydneys Plan machen würde, ewig verschlossen ist.

Harrington. Ich gehe nicht mit.

Sydney. Hört mich Freunde! überlaßt England dem allmächtigen Zufall! Ihr habt eure Rolle auf dem Schauplatz des öffentlichen Lebens lang und gut genug gespielt, nun ist es Zeit daß ihr für eure eigene Ruhe und Zufriedenheit sorget. Bleibt bei mir Freunde! Ich theile mit euch mein Glück das eure Freundschaft vollkommen, und mich Götter-Glück gleichgültig ansehen machen wird. Hier wollen wir uns zufrieden verbergen, entfernt vom stolzen Hofe, wollen wir nichts verlangen, niemanden schmeicheln, nichts mehr bewundern, höchstens noch zu unserem Zeitvertreib die menschlichen Thorheiten und ihre Puppenspiele, mit denen sie so ernsthaft thun, im Flug beobachten, und auslachen. Ohne Sorgen, ohne besondere Verbindlichkeit, ohne Abhänglichkeit wollen wir unsere Tage dahin träumen, und Genuß unser einziges und wichtigstes Geschäft seyn lassen. Wollt ihr dies Freunde!

Blandford. Ihr schändet die Asche eurer Väter!

Harring-

Harrington. Edler Sydney! Ich bleibe bei dir, lang genug dient' ich andern zum Spiel, stumpf zur Freude und ein Thor, war ich verdammt mit Thoren zu schwärmen. Es ist Zeit, daß ich sie auf dem Schau= platz stehen lasse. Sydney ich bin ganz dein.

Sydney. O einen Freund! welche Glückseelig= keit! — Gewiß Jehova freute sich nicht so sehr, als er die Schaubühne der Welt, worauf er Menschen zum Zeitvertreib der himmlischen Geister spielen läßt, den siebenten Tag vollendete, als ich mich freue über unsern itzt errichteten Freundschaftsbund! — O möcht ihn auch Blandford eingehen! Ich kenne deine Macht über ihn, ich will euch allein lassen, tracht' ihn der Vernunft und der Freundschaft zu gewinnen. — Der Abend nahet heran, nun muß ich zu einer Seele, die mir eben so sehr, als unserem Blandford das Vaterland, am Herzen liegt. Seit Monmuths Niederlage sah ich sie nicht, sie scheinet eine Unglückliche zu seyn, ein geheimer Kummer hat einige Spuren auf den Rosen ihres Gesichts hinterlassen, sie ist eben darum nicht mehr so schön, aber nur desto rührender.

Harrington. Wenn ich dich recht verstehe, so sprichst du von einen Mädchen.

Sydney. Ja, von einen liebenswürdigen tugend= haften Mädchen: Du solt sie sehen, sie sieht aus wie die Betrübniß auf einem Grabmal, die der Geduld

ents

entgegen lächelt: heute muß sie mit noch ihren verborgenen Jammer offenbaren, dann soll sie unsern Freudenzirkel krönen, und Sydney hat nichts mehr zu wünschen. Ich eile zu ihr, lebe wohl! (Blandford hält ihn zurück:)

Blandford. Nun versteh' ich dich junger Philosoph! die Liebe macht dir Unthätigkeit und Trägheit angenehm, deine Eigenliebe nennt sie Weisheit. Die Natur bestimmte dich zum Helden, das Vaterland winkt dir deiner Bestimmung zu folgen, und du schämest dich nicht gegen Natur und Vaterland taub deine Größe an der Seite eines Weibes zu vertändeln oder zu verschlafen?

Sydney. Die Liebe macht mich weder träg noch unthätig: die Natur bestimmte mich so wie uns alle zum genießenden und fühlenden Menschen, Erziehung machte mich zur erkünstelten Maschine, Warwiks Liebe führte mich zu meiner Bestimmung zurück: mache du zuvor das Vaterland geschickt, Helden zu erkennen und anzunehmen, und Warwiks Liebe macht mich auch zum Helden.

Blandford. Sydney in den Fesseln eines Weibes!

Sydney. Meine Liebe kennt keine Fesseln, sie kennt nur Harmonie der Seelen, und diese entehrt Sydneyn nicht, weil sie die Würde des Menschen erhöhet.

Bland-

Blandford. So kann ich Sydney nicht sprechen hören. O! England hat viel an dir verloren.

Sydney. Aber ich nichts an England! — Höre meine wahre Gesinnungen: Leben heißt spielen; — Weise seyn heißt mit Gewinnst spielen: — Wo läßt sich das besser, unter dem Getümmel des Aufruhrs; oder in sanfter Ruhe in den Armen eines gefühlvollen Mädchens? — Blandford sey du Held, dem das rauchende Schlachtfeld ein lieblicher Anblick, und das Aechzen und Grinsen sterbender Bürger Musik ist; stirb wie Regulus oder Catilina! Sydney wird weise seyn! — Sydney wird — lieben (ab.)

Sechster Auftritt.

Harrington, Blandford.

Harrington. Blandford warum so tiefsinnig?

Blandford. Laß' mich!.

Harrington. Gut ich lasse dich. (für sich) Glücklicher großer Sydney! Wie frühe hast du den Stein der Weisen gefunden! — Ruhe — Liebe — Genuß — darinn liegt das ganze Geheimniß! — O ich will mit dir in lachender Freude leben, sanft will ich meine Tage dahin schlummern, — abgemattet auf dornichten und finstern Wegen segne ich den Freund, der die Nebeln vor meinen Augen zerstreute, und meine ferne-

re

re Laufbahn mit Rosen deckt! — Ruhe, Liebe, Ge=
nuß: welche Weisheit!

Blandford. Schwärmerey und Weichlichkeit, wel=
che Thorheit! und diese gefällt dir? — und Harring=
ton, mein Freund?

Harrington. Auch Sydneys Freund, und von
heute an Schüler höherer Weisheit!

Blandford. Wo bist du hingekommen? kaum
kenn ich dich mehr wo soll ich Harrington den großen
Tyrannenhasser erfragen?

Harrington. Unter dem Schulstaub zu Cam=
bridge!

Blandford. Du scherzest, und doch weis ich eine
Zeit, wo du bei dem bloßen Wort König Galle und
Bauchgrimmen bekommen hattest.

Harrington. Nun die ist vorüber, jetzt wirkt
das Wort König nichts mehr denn Mäßigung und
Klugheit. — Freund du weißt meine Sache war das
Raufen nie, sondern lauren und im trüben fischen;
aber auch dessen bin ich nun satt. Du warest Augen=
zeuge meiner glänzenden Rollen auf Englands Schau=
bühne; wo Karl die Hauptrolle spielte, aber wie viel
kostete es mich nicht? Ich mußte nach Edikten glau=
ben und denken, aus Wohlanständigkeit stumm, aus
Höflichkeit dumm, aus Klugheit Sklave der elendesten
Günstlinge seyn, um sie aus dem Sattel zu heben.

Ich

Ich mußte lachen, wenn mein Herz weinte; weinen, wenn mein Geist frohlokte, mit unverschämter Stirne dastehen, wenn Schande mein Herz niederdrückte; erröthen, wenn ich edlen Stolz und eignen Werth fühlte, Meine wenige Stunden mußt' ich wegtändeln, nach Moden und Grillen gehen, essen, lieben und schlafen — O laß mich all diese Albernheiten vergessen, laß mich aufhören Pikelhäring, und anfangen Mensch zu seyn!

Blandford. Sey es! — Sey noch mehr, — sey auch herabgewürdigter Mensch! — Aber auf dich und Sydney komme die Schuld; wenn ich Unsterblichkeit der Seele, von nun an für Grille schwindelnder Köpfe halte: denn ihr überzeugt mich, daß die Zeit auch Geister abnützen könne!

Harrington. Das kann sie nicht, aber verbessern: heißt Verbesserung bei dir Abnützung; so kann ich nicht davor: genug ich bleibe bei Sydney.

Blandford. Schlafet also hier feige Weichlinge! und damit euch Gefühl der Ehre nie wieder wecke, so nennet schlafen weise seyn, und nichts thun Weisheit! Ich fluche eurer Weisheit, und gehe morden, (beißend) damit ihr süß, sanft und sicher schlafen mögt. Lebet wohl schlafende Weise!

Harrington. Halt! noch ein paar Worte —

Sieben-

Siebenter Auftritt.

Kilham. Die Vorigen.

Kilham. Mylord! um Gottes willen! was sah ich! eben komm ich vom Markt. Neunzehn unserer fürnehmsten Bürger sind auf Kirkes Befehl zum Galgen geführt worden. Während dem Spektakel sah der Obriste mit einem Freudenmädchen in dem Arm vom Fenster herab, und als der neunzehnte hieng, klatschte er dem Henker Beifall zu.

Blandford. Hölle und Teufel! sehet hier einen Bösewicht, von dem ihr die Kopie nehmen müßt, wenn euch je gelüsten sollte, ein Meisterstück der Bosheit auszuspeien! (zieht den Degen, will fort)

Harrington. Deine Hitze stürzt dich und uns in die äusserste Gefahr, bleibe du hier, ich will sehen ob wir zu fürchten haben? (ab)

Achter Auftritt.

Blandford.

Neunzehn Bürger hengen! — O Britanniens Helden wo seyd ihr? Warum ist euer Heldenmuth nicht eben so unsterblich als euer Name? — Neunzehn Bürger hengen, Harrington entschließt sich zur Ruhe, Sydney lächelt an dem Busen einer Pappe und das nennen sie Weisheit! Gott weiß was wird noch aus England werden, Ströme von Bürgerblut fließen und Sydney und Harrington wollen ruhen! — O könnte ich euch den Heldenmuth eurer Väter wieder einflößen! — — Doch was soll ich mit ihnen? — verdoppele die Gefahr, nicht die Helfer! spricht der Held: was hindert mich, fort zu gehen (Tarring behorcht ihn) und Kirkes verruchte Seele die nie der Odem Gottes war, aus dem Leibe zu jagen! — Er soll bluten! Kirke! Jeffreys! zittert ihr sollt bluten! (will fort)

Neunter Auftritt.

Tarring, Blandford, Soldaten.

Tarring. (entreißt ihm das Schwerdt) Er ist Rebell! nehmt ihn gefangen!

Blandford. Bösewichte! noch nicht würdig Teufeln zu seyn, zu denen ich euch eben machen wollte!

Tarring. Wo ist Sydney?

Blandford. Ich antworte keinem Buben!

Tarring. Wo ist Sydney?

Blandford. In der Hölle aus der dich Lucifer verstieß, kehre zurück und such' ihn dort!

Tarring. Wo ist Sydney? sage, oder zittre!

Blandford. Nein ich zittre nicht! gieb mir mein Schwerdt, dann zittre du! feiger Hurensohn! deine Gewalt macht mich zum Gefangenen, übet dein Räuberi-

sches

sches drohen nimmermehr zum Verräther. Gieb mir
mein Schwerdt und ich zeige dir den Weg zu Sydney!
Tarring. Führt ihn zu Kirke!

Ende des ersten Aufzugs.

Zweyter Aufzug.

(Im Garten der Lille.)

Erster Auftritt.

Lille (sitzt in der Laube.)

Wiederum ein Tag vorüber und noch kommt Sydney
nicht! — Ach Gott, wo verweilt er so lang? Acht
Tage sah' ich ihn nicht! — Er konnte den Herzog doch
nicht retten. — — — Vielleicht daß er selbst — Nein
ich will ihn nicht denken, den schrecklichen Gedanken,
der Tod liegt in ihm! — Aber warum kommt er nicht? —
(steht auf) Dich unglückliches Geschöpf! verdammt zum
Elend leid' ich nun zwanzig Jahre stets tod für Freude
lebt' ich noch keine gute Stunde! — Die verarmte Freu-
be! — weil ihrer Schätze beraubt, betrog sie immer
mein Recht, und bezahlte ihre Schuld mit Thränen!
— — — Nage mir beißender Schmerz! aber nage
mich endlich zurück in mein Nichts, hin in das Grab,
wo Vernichtung Wohlthat und Freude für den Elenden
ist! — — Ha! ist Vernichtung Wohlthat? warum eil'
ich ihr nicht selbst entgegen? was hält mich zurück?

steht

steht es nicht in meiner Macht den Faden abzuschneiden? Wer bleibt Sklave sobald es ihm frey stehet, die ihn quälende Bande zu zerreissen? und wenn er's bleibt, ist er nicht ein Thor? Glückseligkeit ist der Zweck des menschlichen Daseyns, ich kenne Glückseligkeit nur dem Worte nach, mein Elend also selbst, ist Wink der Natur, meine qualvolle Rolle zu vollenden! — —
— Aber sterben! — Warum nicht? — Vielleicht ist der Tod Anfang des Lebens.) — Vielleicht ist er die Pforte zur Unsterblichkeit! — — — Nein! er ist Vernichtung! schreckliche Vernichtung für den, den die Vernunft aus Feenträumen weckt. Verzweiflung erfand auf der Folterbank die prahlende Lehre eines Lebens ohne Ende! — — — — Ist also jenseit des Grabes keine bessere Welt? — Vielleicht ist eine! Vielleicht auch nicht! — Ich denke mit Ehrfurcht; denn was weis die Vernunft? — — Ist keine; O so ist Vernichtung der Abgrund aller Qualen der Natur! — Ist eine; so ist auch eine Vorsicht, und Selbstmord, Eingriff in ihre geheiligte Rechte! — — Zurück täusche dich selbst so lange du kannst! — Noch bin ich nicht ganz unglücklich, der edelste, der weiseste, der tugendhafteste der Menschen Sydney liebt mich! — Aber wo ist er? — Er war mit Monmuth, sein unerschrockenes Herz erlaubte ihm nicht bei herausfordernder Gefahr zu fliehen, und seinen Freund im Stiche

zu laffen! O gewiß er ift gefangen!" — vielleicht ift er
schon todt? — vielleich rief noch sein lezter Laut; War=
wick! aber ach die unglückliche Warwick hörte ihn
nicht, war nicht da, seinen lezten Hauch mit ihren lech=
zenden Lippen aufzufaffen und auf seinem Grabe zu ster=
ben! — wo irreft du geliebter Schatten? umschwebft
du vielleicht in diesem Augenblick mich? hörft die Kla=
getöne deiner unglücklichen Warwick? antworte mir!
unter welchem Hügel liegt deine entseelte Hülle? ich
will hingehen, will meine Seufzer durchs dumpfe Grab
erschallen laffen, dein Leben so lange vergeblich zurück
rufen, bis das meinige von mir weicht! — — wie
schwärmt meine fiebrische Einbildungskraft? höre auf
allzugeschäftige Phantasie meine Seele zu zerreisen! welch
fürchterliches Heer von Schreckgespenstern haft du ge=
gen mich aufgeführt? — — Lindsey! Lindsey! — viel=
leicht sind meine Besorgniffe eitel? — schwacher Schim=
mer von Hoffnung! doch du bift Wonne für mein be=
klemtes, armes, krankes Herz! Lindsey.

Zweiter Auftritt.
Lille, Lindsey.

Lindsey. Miß um's Himmelswillen was ift
ihnen geschehen?

Lille. Nichts liebes Mädchen, bleibe bei mir, du
suchest doch immer die Einsamkeit, sie wird dich noch
ganz zur Schwärmerin machen.

C 3 Lind=

Lindsey. Ich finde etwas, ich weis nicht, was angenehmes im Schwärmen; und wenn es wahr ist, was man mir einstens sagte: daß Schwärmerey ansteckend sey; so hoff' ich in ihrer Gesellschaft noch eine Meisterin im Schwärmen zu werden.

Lille. Du schwärmest also gerne; ich auch, und der heutige Abend ist ganz dazu gemacht. —

Lindsey. Aber Miß, sie sind ja ganz herabgestimmt.

Lille. Mädchen! Ich hab' Ursache es zu seyn. — Du hast noch nicht geliebt! — (lehnt sich auf ihre Schultern) Ach Sydney!

Lindsey. Lille! Seufzer und Thränen vermehren ihren Kummer und den meinigen, und doch können sie Sydney nicht hieher weinen.

Lille. Aber wo verweilt er so lang? ach gewiß er ist todt!

Lindsey. Nein er lebt, und —

Lille. Er lebt? Kommt er? hast du Nachricht von ihm, sage! wo ist er? du bist mir ein Himmelsbote der Freude und des Glückes! sprich!

Lindsey. Nachricht hab' ich keine von ihm, aber Hoffnung, die gewisser ist als ihre schwermütbige Besorgnisse. Sydney lebt gewiß und die Vorsicht —

Lille. Ach die Vorsicht! nenne sie dem Glücklichen, ihm ist sie lächelnde Freude, mir brüllender
Donner.

Sommer. Ich kenne sie nur aus Geiselstreichen, von ihr kann ich nichts hoffen!

Lindsey. Verstopfen sie sich nicht selbst die einzige Quelle des Trostes für Unglückliche! Ja Miß die Vorsicht, die Beschützerin der Tugendhaften wird Sydney wiederum in ihre Arme führen — oft öffnen Thränen das Thor des Glückes, oft ist Trauren nur verschobene Freude!

Lille. O Lindsey! ich erkenne deine freundschaftliche Sorgfalt, und empfinde die heilende Kraft deiner Tröstungen; aber selbst diese reizende Vorstellungen, erhöhen nur die schwarze Farbe meines Schiksals: wer weis was ihm geschehen ist! wer weis liebt er mich sobald er mich ganz kennet? Dieser Gedanke verhüllt meine Seele in Finsterniß, und löscht die ganze Schöpfung vor mir aus, die mir nur noch Sydney angenehm machte. — — O Mädchen kein Schmerz der die Quellen des Lebens austrocknet, ist mit diesem zu vergleichen, wenn die zweifelhafte Seele in eine furchtbare Dämmerung von ängstlichen Sorgen, und täuschenden Hoffnungen zwischen Tod und Leben hin und her geschleudert wird; ein entschiedenes Schicksal, selbst das entsetzlichste ist viel erträglicher als diese Ungewißheit.

Lindsey. Eben diese ist's die ihre herumgeworfene Seele an die einzige Hoffnung antreibt! — laß gen sie Muth! — Ich höre jemanden kommen! — er nahet sich mit schnellen Schritten! —

Lille. O wenn er's wäre! — Nein er ist es nicht!

Lindsey. Er ist es! — Es ist Sydney!

Lille. O es ist Sydney!

Dritter Auftritt.

Sydney, die Vorigen.

Sydney. Warwick!

Lille. Sydney! (umarmen sich.)

Lindsey. (für sich) Glückliche Lille! — glücklicher Sydney! — unglückliche Lindsey! noch bist du. — doch ich will fliehen, bevor Neid ihre himmlische Lust entheilige (ab.)

Lille. Ach Sydney; wo wareß du so lang? die Angst, der Gram, und der Schmerz den mir deine Abwesenheit machte. — O empfinden konnt' ich ihn, aussprechen kann ich ihn nicht.

Sydney. Zärtliche Seele! mein Geist war stets bei dir, nie verließ mich dein Andenken, in jeder Schönheit der Natur sah' ich dein Bild. Nun Warwick Danck sey dem Himmel der uns wieder zusammen führte! die Pflichten der Freundschaft sind erfüllt, nun kenn' ich keine andern mehr, als jene der Liebe: Ich will sie zum Grund all meiner Glückseligkeit legen;

Liebe

Liebe, unpersönliche Liebe, wird heute noch Warwick
zu Sydneys Gemahlin, und Sydney zum Gott unter
Sterblichen machen.

Lille. Ach Sydney!

Sydney. Was soll dieser Seufzer? du bist traurig Warwick?

Lille. Kann ich traurig seyn, da ich dich sehe,
da mich deine Arme umschlingen? — In dem Augenblick da mich Sydney an sein edles tugendhaftes
Herz drückt, empfind ich Freude die mir sonst fremd
war: aber — (seufzt, sehen sich einander durch eine kurze
Pause an.)

Sydney. Liebst du mich Warwick?

Lille. Ob ich dich liebe?

Sydney. Liebe, nicht Mißtrauen leitet meine
Zunge: kann ich eine Versicherung von welcher dies
ganze Glück meines Daseyns abhanget, zu oft von
diesen geliebten Lippen hören.

Lille. O nenn' es noch nicht Glück! Sydneys
Glück wäre auch das meinige und für Warwick blü-
het kein Glück auf Erden — Wenn du aufhören
könntest mich zu lieben! — — — Wenn du's müß-
test! — — Was für ein Gedancken? wie elend
wäre ich, wenn du ihn in deinem Herzen fändest,
wenn dieses dir sagte, daß eine Liebe wie die unsrige

C 5   auf-

aufhören könne, oder wenn Pflicht und Ehre, der Neigung deines Herzens Gewalt anthäte!

Sydney. Nein das kann sie nicht! Nein Warwick das kann, das wird sie nicht! Ehe soll bei dem herabgesunkenen Menschengeschlecht die Tugend wieder glänzen, und das Laster betteln; die Wahrheit auf Thronen schimmern, und die Lüge im Staube seufzen; Weise zu Gecken, und Stutzer zu Weisen werden; Ordnung in der Schöpfung sterben, und des wider die Welt erbosten Himmels Donnerkeile zu Seiffenblasen werden; als die heilige Flamme die für dich edles Geschöpf in meiner Brust lodert, verlöschen wird!

Lille. Halt inne Geliebter, noch weist du nichts! — Sydney!

Sydney. Mädchen, schon lange bricht ein geheimer Kummer aus allen deinen Zügen hervor! verborgener Grimm naget an deinem Herzen! dich leiden zu sehen, ohne die Ursache davon zu wissen, ist Marter, unerträgliche Marter für mich! sprich Warwick! wenn meine Liebe, wenn mein Leben selbst hinlänglich ist sie von dir zu entfernen, o so verweile keinen Augenblick mir dein innerstes aufzuschließen! Warwick, (legt seine Hand auf ihr Herz.) bey diesem Herzen wo Tugend Zuflucht fand, als sie aus England verwiesen wurde, beschwör ich dich, theile deinen

Schmerz

Schmerz mit mit, und entdecke mir die Ursache deines verzehrenden Jammers!

Lille. (drückt ihr Gesicht an seine Brust nach einer kurzen Pause.) Sydney du liebst Warwick: wirst du aber auch — Jenny Lille — lieben können? — O sie liebt dich, die unglückliche Lille, liebt dich nicht weniger als deine vermeinte Warwick, sie liebt dich dieses unschuldige Opfer des Schicksals, liebt dich mehr als alles was in der Natur liebenswürdig ist.

Sydney. Ich verstehe dich nicht! wie? Lille?

Lille. Die bin ich nicht Warwick.

Sydney. Du Lille?

Lille. Ja Lille! die Tochter des geschwornen Feindes deines Vaters! wirst, kannst, darfst du mich lieben?

Sydney. (nach einer kurzen Pause) Ich werde! aber sage mir —

Lille. Genug dieß, ich werde, öffnet dir mein ganzes Herz! O Sydneys, erhabne Seele, gewohnt, wahrer, nicht geheuchelter Tugend zu huldigen, war keines andern, als dieses Urtheils fähig! Gewiß wenn du ein Mädchen, das, allmächtig an dich gezogen, in dir ihren Himmel und ihre Hölle sieht, der eiteln Bohanze des Familienhasses aufopfertest; wär'st du nicht Sydney, und auch meiner Liebe nicht werth! Also du wirst: dieser, dein Ausspruch, vertilgt jeden

Zweifel

Zweifel der noch schwach in meiner Seele dämmerte.
Nun höre mein Geschick, dieses entscheide ob die Feßen
unserer Liebe zu erschüttern sind oder nicht!

Syney. (zu sich) Gott, waß werd ich hören?

Lille. Lille, mein Vater war der Freund Karl
des Ersten, den seine Unterthanen mit dem Schwerdt
der Gerechtigkeit ermordeten. Weil er der Nation
keinen Königsmord ersparen konnte, entzog er dem
Kronerben den Schlingen seiner Verfolger. Er ar-
beitete an der Flucht dieses Prinzen, und als dieser in
Sicherheit war, erwartete er ruhig, daß ihn Kromwell
zur Strafe ziehen würde, weil er ihm seinen Raub ent-
führte. Diese That meines Vaters, wurd' erst im
lezten Jahre der Regierung des Tyrannen von — —
Sydney — entdeckt und an Kromwell verrathen.

Sydney. Mein Vater? der grausame Vater!

Lille. Laß seine Asche ruhen! er glaubte Ver-
folgung des Gerechten sey Pflicht gegen das Vaterland. — — Mein Vater wurde des Hochverraths
schuldig, zum Tode geführt. Ich war damals nur ein
Jahr alt, der erlauchte Verbrecher nahm mich auf
dem Gerüst in seine Arme, zeigte mich dem Volk und
sprach; wenn mein Blut der Hyder des Fanatismus
nicht genug ist; so sehet ihr Britten hier den einzigen
Rest meines Geschlechts! Stoßet zu, und vermischt
unser Blut mit der Asche eurer Könige! meine Fa-

milie

...lle wird erlöschen; die Nachwelt aber wird ihren
Namen nur mit dem Namen des Vaterlandes, welches ihr nicht zu vertheidigen gewußt habt, zugleich aussprechen. Und wenn sie dir meine Tochter das Leben
schenken; so vergiß nie, daß du eine Brittin bist, und
daß die Schande, Königsmördern dein Leben danken
zu müssen, nur dadurch abgewischt werden könne;
daß du mir nachfolgest. Er gab mich aus seinen Armen, und sein ehrwürdiges Haupt fiel unter lautem
Jubelgeschrei der Anhänger Cromwells. (stockt in
Thränen.)

Sidney. Und mein Vater mußte der Verräther
seyn? raubte dir deinen Vater? unglückliche Lille! und
du konntest fragen, ob ich dich lieben wollte?

Lille. Hör alles! Die Verbannung hat meiner
Mutter Rang, Titel, und Glück geraubt; müde ein
Ball des Unglücks zu seyn, änderte sie ihren Namen,
und vermählte sich heimlich mit einem Königsmörder.
Sie flüchteten sich nach Holland, vier Engländer nahmen es auf sich Kovin und das Vaterland zu rächen,
an einem unseeligen Abend drangen sie in das Haus,
das wir in Hag bewohnten, und da sie den Weg zu
seiner Seele nicht anderst als durch die Brust seiner
Gemahlin finden konnten; ermordeten sie mit ihm
auch meine Mutter. (stockt in Thränen.) Gleich nach
ihrer Beerdigung kehrt' ich mit meinem Onkel Warwick

der mit uns nach Holland floh, nach England zurück,
er starb vor drey Jahren, und hinterließ mir nichts
als sein trauriges Angedenken, dieses Hauß, und ein
kleines Vermögen das mich nur gegen Hunger schüzt: —
(stockt in Thränen) Nun Sydney kennst du deine Lille;
Schmach und Schrecken haben alle Augenblicke meines
Lebens vergiftet, so flossen meine Tage dahin, wüste
und finster, ohne Vergnügen, ohne Freude, bis ich dich
das erstemal sah, als du im Park der Verlassenen,
und über die Hinrichtung ihres Mannes klagenden
Witwe, die Thränen abtroknetest, ihre zwey unmündige
Kinder in deine Arme nahmst, und weil ihr Schicksal
all ihre Lebenskraft schon verzehret hatte, der elenden
Mutter mit ihren Kindern wenigstens ruhig zu sterben
in deinem Hauß vergönntest. O Sydney dieser edle
Zug deines Herzens riß das meinige ganz hin, das
erstemal fühlt' ich eine Empfindung, die mich meine
erlittene Qualen vergessen, und mir das Leben angenehm machen könnte; Ich liebte dich!

Sydney. Du hast die bittere Schale der Trüb-
saal geleert, der Himmel und die Erde verlassen dich,
nun wohl du bist meiner um so würdiger!

Lille. Ich hab gethan was ich dir schuldig war,
ich hab dir das schreckliche Geständniß abgelegt, deine
Liebe ist der Ersatz aller meiner Leiden. (umarmt ihn)
aber da unsere Väter Todtfeinde waren, kann unsere

Verbindung wohl glücklich seyn? überlaß dein Verhängniß sein Opfer. - - - - - - - - - - - - - - -

- - Sydney. Gott und ich sind die einzigen Wesen
in der Natur die dich noch lieben! — Nein! Ich fühle
Muth genug mit dem Verhängniß zu kämpfen, Lille
soll sein Opfer nicht seyn. Kühner als ein von Wein
schenkbar schon trunkener Held, will ich gegen selbst
auftreten, streiten, und siegen, dann dich Lille meine
Beute im Triumphe nach Hause führen! — —
Der Grund dern Freundschaft unsrer Väter war
Schwärmerey des Patriotismus, ich verehre meinen
Vater und fluche dem Fanatismus der mir ihn geraubt
hat. Nein Schwärmereyen der Väter soll das Glück
ihrer Kinder nicht entstellen! sowie geh kindliche
Pflicht nicht! gieb mir deine Hand dein Gemahl muß
ich über den Verlust deines Vaters, über die Undank-
barkeit des Vaterlandes, über die Verachtung der
Welt trösten, und schadlos halten - - - - - - -

O Lille. Tugendhafter Sydney, deine Großmuth
könnte dir schädlich seyn; du willst das Unglück das
ich seit meiner Geburt herumtrage auch auf dich laden,
vielleicht daß selbst unsere Väter in ihrem Grabe aber
und fluchen. - - - - - - - - - - - - - - - - - -

- - Sydney. Unsere Väter sind tobt! — — und
tobte fluchen nicht; Fluch und Seegen der Todten sind
Phantomen, höchstens noch henlich den Pöbel zu schrecken.

ken. Wie wollen nur noch durch unsere Verbindung glücklich werden, weigere dich aus Furcht vor dem Fluch der väterlichen Asche, glücklich zu seyn: Aber bebe vor dem Fluch deiner Mutter; vor dem Fluch der Natur! — — Laß diese schwermüthige Gedanken fahren, überlasse dich ganz mir! mir: deinem Rächer, deinem Freund, der vielleicht der einzige ist, der dein Gemahl zu werden verdient! — — Lille du zitterst bey dieser Blick! Nimmst du Theil an meiner Bewegung? — darf ich die meine Gemahlin umarmen?

Lille. (nach einer Pause:) Ich bin es, Sydney! (umarmen sich) wohl wie daß ich es bin! O das süße Glück! O die überfließende Belohnung einer langen schmachtenden Liebe! O dich den meinigen zu sehen, scheint mir etwas mehr als Glückseligkeit zu seyn! — Es ist vielleicht doppeltes Leben! wohl wie! wo sind jetzt meine Salben? Sie sind verschwunden! Wonne; heißes Mitgefühl, möge dich Sydney für die Rettung der armen Lille so belohnen, wie du's verdienst! — O Allmacht vergieb mir wankendem Geschöpfe das sich so oft erkühnte wider die geheimen Rathschläge deiner Vorsicht zu murren! Mädchen! schwärmerische Geschöpfe! O wie oft glaubt ihr an dem Abgrund des Elends zu seyn, da die Güte des Himmels, euch an unerwartete Freuden zu fügen, beschäftiget ist! — — O daß sich die ganze Natur in diesem Augenblick mit

mir,

mir, und für mich freuen, und die Wonne meiner
Glückseligkeit fühlend zeigen könnte, wie groß sie ist!
O Sydney! — Sydney mein Alles! (schmieget sich an
seine Brust.)

Sydney. Lille ich hab dich mit der Natur und
der Vorsicht ausgesöhnt, welcher Triumph für mich! —
Gütige Natur! und du erstgebohrne Tochter dieser
allgemeinen Mutter, Liebe! ewig sey von uns ange-
betet, und gepriesen! unsere Vereinigung ist ganz dein
Werk, seegne uns! du hast Lille mit Sydney verbun-
den, deine Bande sind die heiligsten, selbst der Tod
wird sie nicht zertrennen! (Man pocht: Sydney reißt
sich aus den Armen der Lille los läuft zur Thüre des Gartes,
Lille steht ganz erschrocken da.)

Vierter Auftritt.

Tarring. Soldaten. Die Vorigen.

Tarring. (an der Thüre des Gartens, leise) Ist
Sydney hier?—

Sydney. Ich bin es!

Tarring. (leise) Genug! ich nehme euch im
Namen des Königs gefangen, folgt uns! (reißt ihn zur
Thüre hinaus.)

Sydney. (laut) Lebe wohl Unglückliche! (ab.)

D   Fünfter

Fünfter Auftritt.

Lille. (Läuft im Garten hin und her). Lebe wohl
Unglückliche? — Wo ist er hin? — Ha er ist fort! —
er hat mich verlassen! — diesem Augenblick da er ganz
Liebe war? — Lille meine Gemahlin! und gleich
darauf: lebe wohl Unglückliche? — Vielleicht Liebe
und Spott? — Nein! — Was war das für ein Getümmel? — Gott was ahnde ich? — Der Untreue! —
Nein! — Sydney! — Er ist weg! —

Sechster Auftritt.

Lindsey. Lille.

Lindsey. Unglückliche Miß! Himmel! soll ich es
sagen?

Lille. Sprich! ich bin bereit! Nein! sprich
nicht! ich weis es schon. Sieh mein Jammer hat
mich endlich starr, und beherzt gemacht! nicht wahr
er spottete der Unglücklichen? (Lindsey will reden) sag,
nein! dessen ist Sydney nicht fähig! — — also du
sahest den Untreuen die Flucht nehmen?

Lindsey. Ach Gott, Miß! Sydney —

Lille. Sprich! seine Untreue krönet das Verbrechen seines Vaters gegen mich! — mein Maaß ist
voll! sprich!

Lindsey. Sydney ist gefangen.

Lille.

Lille. Sydney gefangen? Gehe! laß mir die Sterbeglocke läuten! (will weg laufen, sinkt aber ohnmächtig in die Arme der Lindsey zurück. Der Vorhang fällt.)

Ende des zweyten Aufzugs.

Dritter Aufzug.

(Im Kerker.)

Erster Auftritt.

Sydney. (Nach einer Pause.)

Gestern in den Armen des liebenswürdigsten, tugendhaftesten Geschöpfes! heute in Fesseln! — so träumt der Bettler von Zepter und Kronen, und erwacht des Morgens im Bettelsack! — — Lille was wirst du leiden? dein Schmerz macht mir mein Schicksal unerträglich! — Nur du lebtest noch für mich, edle Seele! — geschmückt mit jedem Reitz der Tugend sprangst du vollendet aus dem Meissel der unerschöpflichen Künstlerin, Natur! hätten sich die Kinder Gottes in dich verliebt, die Erde hätte keine zweite Fluth gefürchtet! — — Unglückliches Opfer des Schicksals! über dich fließen diese Thränen (weint) — — schäme dich Sydney! — doch nein schäme dich nicht! deine Thränen sind gerecht! die Tugend billigt sie! ihr Stempel ist Gefühl: die Weisheit verdammt sie nicht,

sie

sie ist menschlich, sanft, gütig, befiehlt dem Menschen, Mensch, nicht Stein zu seyn! — — — — — Lille ich sehe dich weinen, deine Arme ringen, Schmerz wird dich unterdrücken, Elend in der Blüthe deiner Jahre verzehren, bald wirst du deinen Lauf auf der blutigen Bahn der Trübsal vollenden, du bist deinem Glücke nahe, denn das Grab wartet schon deiner! — dann wenn ihr Auge im Tode brechend über die Streiche des Schicksals ausgeweinet, und Verwesung ihren Thränen und ihren Leiden ein Ende gemacht hat; dann gehe du Walser! wirf dein festliches Kleid um dich! lache! und rufe auf dem Grabe der Unschuld! die Welt ist gut! — — — — — Wäre doch wenigstens ein Mittel sie von meinem Zustand zu unterrichten! — — Die Ungewißheit meiner Lage wird sie auf das empfindlichste quälen! — — — Es ist umsonst! — — — (sieht ein Blatt Pappier auf dem Boden liegen) Doch! hier wär ein Blatt, groß genug einer Liebenden, das Todesurtheil ihres Geliebten anzukündigen! — — Aber mit was schreiben? — — — Ich schreibe mein Todesurtheil, und dazu fließt Blut genug in meinen Adern! — (ritzt sich in die Hand, preßt Blut heraus und schreibt mit einer Haarnadel, oder mit dem Finger) „Geliebte! Deine Vorhersagung ist erfüllt. — „Ich liege in Fesseln, die unter Jakob allzeit zum „Tod führen. — Ich sterbe unschuldig! — folge
„mir

; mir bald! —" Nun Elle weißt du deinen Jammer ganz!

Zweiter Auftritt.

Sydney. Farrham. (bringt Feder, Dinte, Papier und Stühle)

Farrham. Seyd bereit zum Verhör! der Oberste Kirke mit seinen Räthen, werden unverzüglich hier seyn.

Sydney. Ich bin bereit guter Alter! (zu sich) Gewiß besser bereit auf meine Antworten als diese Richter auf ihre Fragen.

Farrham. Der Oberste verfährt mit euch sehr gnädig, daß er euch nicht ganz ohne Verhör henken läßt, sonst macht er wohl weniger Umstände; gestern Abend wurde ein gewisser Blandford —

Sydney. (etwas heftig) Blandford?

Farrham. Nu ja so denk ich hieß er, er wurde gefangen, und muste noch in der nehmlichen Stunde ohne Gnade und Barmherzigkeit hängen.

Sydney. (Nach einem Ausdruk des Widerwillens über Blandfords Schicksal) Also hängen, ist doch auf alle Fälle das Loos der Verhörten und Unverhörten, unter Kirke?

Farrham. So ganz leer dürft es nun freylich euch mit euch nicht ablaufen, aber dazu müßt ihr

D 3 euch

euch ... noch ... schon bewegen; sehr viel Gnade
daß man euch doch ehe verhört.

Sydney. Guter Mann, lassen wir das Verhör
und das Hengen! es liegt mir etwas wichtigers am
Herzen, wovon ihr mir helfen sollt. — Ich bin unglücklich!

Farrham. Das will ich schon glauben, aber
wer kann helfen?

Sydney. Ohne meine Schuld unglücklich.

Farrham. Das kann unser einer nicht wissen.

Sydney. Ganz unschuldig!

Farrham. Sagt was ihr verlangt, aber eure
Schuld oder Unschuld werden schon die Herren sprechen!

Sydney. Wäret ihr geneigt einen unschuldig
Unglücklichen einen Gefallen zu erweisen?

Farrham. Wenn es seyn kann, warum nicht?

Sydney. Ganz leicht, ohne Mühe, ohne aller
Gefahr.

Farrham. Laßt hören!

Sydney. Kennt ihr hier eine gewisse Warwick?

Farrham. Eine gewisse Warwick, ein junges
Mädchen? von der Niemand weiß, wer und woher
sie ist? — O ja, ich kenne sie, was soll euch diese?

Sydney. Sie ist meine Freundin, sie weiß nicht
wo ich hingekommen bin; die Ungewißheit meines
Schicksals wird die Arme zu tod ängstigen: Ihr könnt,

dief

diese Elende, ihrer Quaal und Angst entreißen, überbringt ihr dieses Briefchen, worinn. —

Farrham. Ums Himmelswillen Herr was denkt
ihr von mir? Ihr verlangt etwas, das meiner Pflicht
zuwider läuft, würd ich verrathen, ich müßt es mit
meinem Kopf bezahlen. Ich hab geschworen, keine
Briefe von Gefangenen nicht einmal an dem König
zu übernehmen. — — Nein, bei Gott so eine große
Sünde kann ich nicht begehen, mein Leben wäre des
Henkers! Herr ihr müßt ein großer Verbrecher seyn,
weil ihr euch untersteht, mich zur Verletzung meines
Eids zu verleiten.

Sydney. Sey ruhig guter ehrlicher Mann!
Ich wollt euch ja nur prüfen, eure Treue für eure
Pflicht. O mir wahre Treue!

Farrham. Herr ich bin alt, aber in Ehren; lieber alles in der Welt, als meinen Eid brechen!

Sydney. Ihr habt recht! — sagt mir ehrlicher
Mann seyd ihr verheyrathet?

Farrham. Ja, Gott sey dank! schon seit 26
Jahren.

Sydney. Habt ihr auch Kinder?

Farrham. Drey Buben, ich hab sie alle dem
heiligen Benedikt zu Winchester geschenkt.

Sydney. Glücklicher Mann! gewiß ihr dient
Gott von Herzen, weil er euch so seegnet. (spielt mit

dem Ring am Finger, Farrham wird aufmerksam.) Habt ihr
auch sonst ein gutes Auskommen?

Farrham. Eben nicht sehr, doch so schlecht und
gerecht, wie Gott will!

Sydney. Ich fünd an euch einen guten ehrlichen
christlichen Mann! sehet hier diesen Ring 40 Pfund
Sterling an Werth, ich werd ihn nicht mehr brauchen,
nehmt ihn, und verbessert eure Umstände damit! —
Sehet Gott ist wunderbar! ihr findet seinen Seegen
sogar bei Unglücklichen im Gefängniß!

Farrham. Ach mein Gott! Ihr seyd doch ein
guter Mann; mir ist leid — — —

Sydney. (zieht einen Beutel heraus, giebt ihn dem
Farrham) Hier ist auch etwas Geld! ihr könnt es besser
brauchen als ich, betet zu Gott um ein glückliches Ende für mich!

Farrham. Ja das will ich mit meinem Weib
und Kindern, so lang wir leben! — nur ist herzlich
leid, daß ich euch zuvor wegen des Briefchens so hart
angegriffen habe; aber ihr vergebt mir ja, ich meint es
nicht übel! Gott bezahle euch eure Gutthaten.

Sydney. (betrachtet mit Ausdruck der Traurigkeit
während Farrham spricht das Billet.) —Der Himmel segne
euch damit! — Arme Warwick!

Farrham. Was habt ihr denn da noch?

Sydney. Das Briefchen an die unglücklich Warwick! O wüßte sie doch was aus mir geworden?

Farrham. So gebt her! ihr thut so wehmüthig, daß einem das Herz im Leib zerspringen möchte; es wird ja doch nicht so viel an dem Bettel liegen. Gebt her (nimmt das Billet,) ich will's ihr schon in die Hand spielen, aber diesmal und nimmermehr (im Weggehn) ich werd's halt wieder beichten, der heilige Geist wird mir's schon verzeihen. (zurück gegen Sydney) Gott belohne euch für eure Wohlthaten! (ab)

Dritter Auftritt.
Sydney.

Elender einfältiger Tropf! wo ist nun dein Eid und deine Pflicht? — Unwissenheit und Dummheit schwache Stützen des Thrones! — — wehe euch Despoten! wenn Eigennuz eurer Sklaven wieder euch ins Spiel gesezt wird! selbst Gewissenszwang und blind, der Religionseifer, der stärckeste Zaum in den Händen der Fürsten, die menschlich herrschen, werden dann zu schwach eure Lastthiere in Ketten zu erhalten — Eigennuz zerreißt alle Bände! — meine Richter kommen schon!

Vierter Auftritt.
Kirke, Jeffreys, Romney, Clarendon, (sezen sich)
Berkeley, Sydney 2 Wachen.

Jeffreys. (zu Kirke) Ihr wollt ohne Zweifel den Ritter schuldig finden?

Kirke.

Kirke. Er muß schuldig seyn er mag wollen oder nicht!

Jeffreys. Vergeßt nicht, ihn über die Religion zur Rede zu stellen; dieses Ding hat der Staatsklugheit schon manches fettes Opfer gebracht. Ihr wißt, der Ritter ist Sydneys Sohn: gewiß scheitert er an dieser Kabinetsklippe!

Kirke. Gut! wir wollen ihn gleich anfangs darauf führen. (zur Wache) Führt den Gefangenen herbey zum Verhör! (zu Sydney) wer seyd ihr?

Sydney. Sydney ein Englischer Ritter.

Kirke. Zu welcher Religion bekennt ihr euch!

Sydney. Die Menschheit ist mir Gott; und Menschenliebe meine Religion!

Jeffreys. (zu Kirke) Sagt ich's nicht?

Kirke. Weg mit diesem Schnick Schnack, zu welcher Religion bekennt ihr euch? was glaubt ihr?

Sydney. Alles was ich nicht weis; und was ich nicht begreife.

Kirke. Sprecht deutlicher, glaubt ihr, was unser König Jakob der II. ich, und alle diese Herren glauben?

Sydney. Was der König, ihr, und alle diese Herren glauben, ist mir nicht bekannt: aber vielleicht glaube ich noch mehr; vielleicht glaube ich etwas, was ihr nicht glaubet; denn ich glaube auch, daß das Handeln,
nicht

nicht das Glauben die Menschen heilige, daß das bloße Glauben den Menschen weder für sich selbst glücklich, noch für die Gesellschaft nützlich mache; daß man bei dem seligsten und ausgebreiteten Glauben doch Schurke und Bösewicht seyn könne. Der Grund meines Glaubens sind eure Grausamkeiten.

Kirke. (heftig) Die ganze Hölle ist in euch gefahren, ihr —

Jeffreys (zu Kirke) Gelassen! sonst schreckt ihr ihn zurück! er spricht ja unseren Absichten ganz angemessen. Laßt mich! (zu Sydney) Ihr seyd also Protestant?

Sydney. Nein!

Jeffreys. Wiedertäufer?

Sydney. Nein!

Jeffreys. Puritaner?

Sydney. Nein!

Jeffreys. Was seyd ihr also dann? fürchtet nichts lieber Ritter! sprecht frey! Ihr habt also gar keine Religion?

Sydney. Wenn Unterwürfigkeit gegen die Gesetze der guten Ordnung willen, Achtung für die Tugend, Verabscheuung des Lasters, allgemeines Wohlwollen und Wohlthun, Duldung, jede gesellschaftliche, und der Menschheit nutzbringende Tugend, Religion heißt; so nennet mich Christ!

Kirke

Kirke. (zum Berkeley) Schreibt!, Sydney bekennt sich zu keiner Religion ist also ein gefährliches und schädliches Glied des Staates.

Sydney. (zu Berkeley) Nein! nicht so! schreibt: Sydney bekennt sich zu keiner Sekte, ist also ein unbrauchbares Glied seines herabgewürdigten Vaterlandes!

Romney. Mylord! Und wir hier Beisitzer jenes schwarzen Schandgerichtes, welches Fanaticismus, der Menschheit und Religion zur ewigen Schmach heilig nennt? Vernehmt Sydney über die wider ihn angebrachte Klagen, oder wir treten ab.

Kirke. Schweigt! oder ich sende dem König seinen Tafeldecker zurück!

Romney. Der euch noch bittere Leckerbissen auftischen soll. (Clarendon hält ihn zitternd zurück)

Kirke. Geschwätz! — Nun näher zur Sache: Sydney! man hat Blandford in eurem Hause getroffen. Blandford ist Rebell!

Sydney. Blandford den Rebellen kenn ich nicht, ich kannte nur Blandford den Menschen, und als Mensch stand ihm mein Hauß offen.

Kirke. Ihr habt euch aber dadurch des Verdachts des Aufruhrs schuldig gemacht, und seyd strafbar.

Sydney. Verdacht ohne Grund ist die Eigenschaft niedriger Seelen, und vor diesen strafbar seyn ist Verdienst.

Kirke.

Kirke. Heuchler! der wider euch gefaßte Verdacht hat mir zu viel Grund: habt ihr nicht auch an dem Aufruhr des Herzogs von Monmuth Antheil gehabt?

Sydney. Der Herzog war des Königs Bruder und ich des Herzogs Freund.

Kirke. Monmuth war ein Verräther und seine Freunde sind es auch, und ihr gesteht diese Freundschaft?

Sydney. Ich bin nicht niederträchtig genug, um meinem Richter zu schmeicheln, oder meinen Freund zu verläugnen. Der Herzog hat mir das Leben gerettet, ich hab ihn in seinem Glücke verehrt, über seine Fehltritte wider die Klugheit, geseufzt, und ich kann sein Gedächtniß nicht beschimpfen.

Kirke. Ihr habt aber diesen Verräther nach der Schlacht bei Sedgemor zur Flucht geholfen, und selbst dahin begleitet?

Sydney. Das that ich. Ich bin Mensch, und innigst überzeugt, daß es Pflicht des Menschen sey, jeden Raub blutdürstigen Tyrannen zu entreissen.

Jeffreys. Mäßiget euch junger Philosoph! ihr steht vor einem strengen Richterstuhl!

Sydney. Nennet mich nicht so, oder ihr sprecht mich von der angenehmen Pflicht los, euch ferner zu antworten. Der Philosoph erkennt keinen Rich-

richtstuhl, weder den des Fürsten, noch den des Tyrannen; jenen nicht, weil er keiner Gesetze bedarf, und
keine Gesetze übertritt, diesen nicht, weil er ihn stürzen
müßte, sobald er ihn kennte. Für euch Mylord bin
ich nur adelicher Dritt dem Freymüthigkeit zusteht.
Was Jeffreys Mäßigung nennt, mag er von Sklaven
erwarten.

Kirke. Schweig verwegener Bube! weist du
Unglücklicher, daß dein Leben in meiner Macht stehe?

Sydney. Ha, das weis ich, und eben darum
will ich verdienen, es durch euch zu verlieren. Ich
kenne den Werth des Lebens. Ich würd' es aber
verachten müssen, so bald ich's euch zu dancken
hätte.

Kirke. (zu den Beysitzenden) Der Schurke ist
wahnwitzig!

Sydney. Könnt ich es werden! Ich wäre würdiger vor euch zu stehen, und ihr wäret euer Bestimmung am nächsten, der Bestimmung jedes Tyrannen,
der nur über Schurken, oder Narren zu richten, und
Mord zu sprechen verdient.

Kirke. Geduld! euer Muthwillen soll bald ge-
demüthiget werden! nur noch eine Frage; Was denckt
ihr vom König und seinen Ministern?

Sydney. Mylord, sprecht mein Urtheil!

Kirke.

Kirk. Im Namen des Königs, befehl ich euch; antwortet!

Sydney. Ihr wollt es! — Ich antworte. Ich ehre meinen Fürsten. Wenn man aber Fanatiker zu seinen Ministern, und einen Soldaten zum Richter der Bürger wählt; so ist man nicht würdig Engländer zu beherrschen. Ich hoffe ihr werdet eutem Charakter getreu bleiben, folglich hab' ich nur noch einige Augenblicke zu leben, bevor ich aber sterbe, will ich euch und eurem König das Urtheil der Menschheit ankündigen: Das Röcheln der von euch erwürgten Britten, der Rauch des durch eure Hand vergossenen Bürgerbluts, schreiet um Rache wider euch, vor dem Richterstuhl der Menschheit! und euer Urtheil wird noch sehr gelinde seyn, wenn ihr den Tod des Sejan's, und euer König den Tod des Tibers zu sterben verdienet. Nun dünkt ich wär es genug.

Kirk. (schäubend) Der Satan spricht aus euch! warum habt ihr nur ein Leben? da für eure Lästerungen, ein zehnfacher Tod immer noch Belohnung wäre! (zu Berkley) Schreibt! Sydney ist des Hochverraths, des Aufruhrs, der beleidigten Majestät schuldig befunden worden, und davor des Todes schuldig!

Sydney. (zu Berkley) Schreibt Tod! aber macht eure Feder nicht zur Lügnerin; schreibt! Sydney ist Mensch, Freund, friedsamer Bürger, Verehrer des

Königs,

Königs, Verächter des Tyrannens befunden worden,
und davor unter Jakobs eiserner Ruthe, des Todes
würdig.

Kirke. Ja das seyd ihr! ihr müßt sterben, sterben, an einem Galgen. Wie noch keiner auf Englands
Boden stand. (im Abtreten) Erwartet euer Urtheil!

Jeffreys. (im Abtreten) Gutes Muths junger
Philosoph!

Romney. (im Abtreten) Sydney, wie beneid' ich
deine Größe!

Clarendon. (im Abtreten schüchtern) Eure jugend-
liche Hitze hat euch den Stab gebrochen!

Fünfter Auftritt.
Sydney.

Ihr müßt sterben! — schwacher Donner des
entlarvten Bösewichts, des beschämten Tyrannen! —
Ihr müßt sterben! — Glück für den Weisen, wenn
es ein verwilderter Soldat, ein von der Natur zum
Schänder der Menschheit gestempelter Wüterich, ein
zum Minister erhobener Rechnungsführer spricht! —
Ihr sollt leben, von solchen Richtern gesprochen, wäre
Schändung des Weisen! — — — Gutes Muths
junger Philosoph! — Ja Jeffreys das ist er! so gutes
Muths, daß er dich verachten — nein! Verachtung
wäre zuviel für den elenden Günstling eines noch

elens

ändern Königs; daß er dir noch von dem Galgen
Spott und Satyr zulächeln kann! — Plato! Zeno!
lebtet ihr heute, ihr würdet Academie und Stoa
zusammenwerfen, würdet Comtoirs und Rechenstuben er-
richten, und anstatt eurer Paradoxen, Zahlen erfin-
den! — Das sind nun die Künste der Staaten,
durch die wird man berühmt und groß. Noch vor 6
Jahren berechnete Jeffreys Jakobs tägliche Ausgaben
für Huren und Pfaffen; heute spricht er Todes-
urtheile!

Sechster Auftritt.

Farrham. Sydney.

Farrham. Herr! ein Katholischer Priester wünscht
euch zu sprechen, eure arme Seele mit Gott zu versöh-
nen, und zu seinem Richterstuhl zu bereiten.

Sydney. Sag dem guten Manne, mit Gott sey
ich versöhnt, auch schon bereit vor seinem Richterstuhle
zu erscheinen.

Farrham. Aber Herr! man kann doch nicht
wissen —

Sydney. Gut, er mag kommen! — (für sich)
Ist er wahrhaft Priester, vielleicht kann ich ihn zum
Menschen bekehren! (zu Farrham) hast du das Billet
an Warwick bestellt guter Alter?

E   Farham

Farham. Ja Herr! bald hätt' ich vergessen, euch davon Nachricht zu geben. Das arme Mädchen saß nach Ablesung des Briefes eine gute Weile ganz erstarrt da, sie vergoß keine einzige Thräne, sah wild um sich her, lang stand ich vor ihr, sie war ganz sprachlos, endlich sprach sie: gehet! sagt eurem Gefangenen: „das Loos ist entschieden, (Sydney trocknet sich die Thränen ab.) ich hab in dem Buch des Verhängnisses gelesen, hab es zugeschlossen, ich werde mich niederlegen, und sterben."

Sydney. Genug! nun laßt euren Katholischen Priester kommen. (Farham ab.) Lille! wir haben beide in dem nemlichen Buch, gelesen, doch du richtiger als ich, denn du hast mir und dir, den Tod vorher gesagt.

Siebenter Auftritt.

Harrington. Sydney.

Harrington. (verkleidet als Priester, sieht im Herentreten zurück, ob er nicht beobachtet werde. Sydney betrachtet den Priester ernsthaft. Harrington fällt Sydney um den Hals:) Sydney mein Freund!

Sydney. Harrington! — Wie schön rächest du die Würde dieses Kleid's, da du es zum Werkzeug der Freundschaft machst, nachdem es Heucheley, Unempfindlichkeit, und Menschenhaß so lang entheiligte?

Harring-

Harrington. Iſt es möglich! Sydney in Feſſeln!

Sydney. Auch zum Tod verurtheilt, reif zum Tode, auch dazu ganz bereit; und nun genug, dieſe Augenblicke ſind koſtbar, denn ſie ſind die letzten, laß uns damit wuchern!

Harrington. Gut, wir wollen ſie ganz zu deiner Befreyung, und zur Verminderung der Gewiſſensbiſſe des Tyrannen anwenden!

Sydney. Wenden wir ſie dazu an, ſo ſind ſie verſchwendet; Ich muß, und ich will ſterben; und Tyrannen fühlen keine Gewiſſensbiſſe.

Harrington. Stirb, wenn du des Lebens überdrüſig biſt, aber ſtirb durch deine eigene Hand, wie es einem freyen Menſchen, der den Schauplatz verläßt, ſobald es ihm gefällt, geziemt, nicht wie ein Böſewicht. Hier (giebt ihm einen Dolch) haſt du einen Dolch, gebrauch ihn dazu, dem Löwen ſeinen Raub vor dem Rachen abzujagen; oder komm und fliehe mit mir, jeder der uns im Wege ſteht, ſoll durch meine Hand bluten, und den Weg zur Hölle finden!

Sydney. Weder eines noch das andere! rathe Flucht dem Feigen; Selbſtmord dem Narren, oder dem Unglücklichen: Ich bin keiner aus dieſen. Ich wußte zu leben, hab alſo ſterben gelernt.

Harrington. Du achteſt alſo für nichts, deinen Namen durch die Schmach deiner Hinrichtung geſchän-

det zu sehen? Verleumdung wird verdichtete Verbre=
chen auf deinen Grabstein graben, die Gesetze werden
den Grabstichel rechtfertigen, und die Nachwelt wird
sie glauben.

Sydney. Das mag sie! — Sie wird's aber
nicht: meine Freunde, bleiben mir übrig, mein Geist
lebt in ihnen, sie werden Sydneys Namen den Nach=
kömmlingen meiner Hencker ehrwürdig machen: die
Nation wird sich aufklären; und den mit Menschen=
blut erbauten Thron umstürzen, und zertrümmern:
dann bin ich gerächet.

Harrington. Ich bewundere deinen Großmuth!
sey es; du sollst weder fliehen, noch an dich selbst Hand
anlegen: nur die Vollziehung deines Urtheils sollst
du durch klugen Vorwand verzögern.

Sydney. Warum das?

Harrington. Damit ich dich retten könne.

Sydney. Wenn ich aber nicht gerettet seyn
will?

Harrington. Wenn es aber die Pflichten der
Freundschaft und Menschenliebe von dir erheischen?
oder kennst du diese Pflichten nicht mehr?

Sydney. Ich kenne sie: nur seh ich nicht, wie sie
mich zur Verzögerung des Todes, dem ich nun einmal
nicht entgehen kann, bestimmen könnten!

Har=

Harrington. Ich sagte dir ja ich will und ich
werde dich retten; Rettung anzunehmen, selbst dazu
aufgefordert, bist du deinen Freunden und deinen Mitbürgern schuldig. Der König kömmt noch heute nach
Bath, sogleich reif' ich zu ihm, bekenn' ihm meine
Theilnehmung an Monmouth Verschwörung wider
seinen Vorfahrer, huldige ihm den Eid der Treue, ver-
siegle meinen Schwur durch feyerliche Annehmung
der catholischen Religion; dadurch gewinn ich seine
Schwäche; dann bitt ich für dich um Gnade, entdeck
ihm Kirke und Jeffrens in seinem Namen verübte
Grausamkeiten; die seinem Thron den Sturz, wo ihm
furchtsam gemacht wird er seinen Schaffrichter, in
das Schwerd lassen, die Gerechtigkeit wiederfahren
lassen. Ich gewinne meinen Freund, und Ströme
von Menschenblut, das Kirke Mordsucht noch ver-
gießen würde werden England nicht mehr überschwem-
men.

Sydney. Bedenkst du aber auch was du von
Hass vielleicht verleitet dich, deiner Freundschaft zu
weih? Ich fürchte der handelt wider dein Gewissen;
wie willst du deine Religion mit einer andern Über-
zeugung vertauschen?

Harrington. Braucht es darum viel Überzeu-
gung was es darum zu thun ist, Meinungen mit Religion zu vertauschen, wovon man Dinge so, wer

ßig verstehe, als die andern?) Ist es wol was anders
als Meinungen oder politisches Interesse, was die verschiedenen Religionsgemeinden von einander trennet?
oder ist es vielleicht schädlich, Menschen die schwach
genug dazu sind zu glauben, daß man Meinungen wol
selber annehmen, und ablegen könne, durch verstelltes Bekenntniß ihrer Grillen zu schmeicheln, und durch
Nachgiebigkeit nach seinen Absichten zu leben? ist nicht
alles in der Welt Täuschung? war sie nicht von jeher
das Gängelband der Menschheit? und wird sie nicht
Tugend, wenn sie dazu angewandt wird, Menschen
glücklich, gut und gerecht zu machen? die Unschuld zu
retten? und Mördern das Mordbeil aus der Hand zu
schlagen? Sydney! deine Einwendung gieng die nicht
von Herzen, du kennst das menschliche Herz. Kennst du
keinen Freund?

Sydney. Gehe und handle nach deiner Ueberzeugung! aber ich sag es dir vorher, und der Erfolg wird
mir die Vorhersagung bestätigen. Meine Unternehmung
wird für mich fruchtlos, für dich vielleicht gefährlich
seyn. Wahrscheinlich bleibt es immer, daß wir uns nie
wiedersehen. Ich übernehme also mit noch einen Auftrag,
vielleich den letzten von deinem Freund, für mich den
wichtigsten. Wisse das Warwick von der ich mit euch gestern Abends sprach, die Tochter des unglücklichen Lille
sey, den mein Vater unter Kromwell auf das Schaffot
brachte.

E 2

brachte. Ein feindseliges Schicksal schmiedete die unglückselige Lille, an eine endlose Kette von Trübsalen. Lucian würde sie zur lebendigen Satyre gegen die gerechte und weise Vorsicht aufgestellt haben, Sydney konnte sie nur lieben, und durch keine Verbindung die Streiche des Verhängnisses mit ihr theilen. Hörest du nach deiner Rückkehr vom Könige, daß Sydney todt ist, so nimm meine Lille in deinen Schutz, fliehe mit ihr in ein Land, wo Menschenliebe und Freundschaft noch nicht zum Laster geworden ist. Sie ist das kostbarste und einzige Kleinod, an dem das Herz deines Freundes noch hängt. Sei ihr Beschützer, Tröster, Rächer, Freund, Vater; sei ihr alles, was ihr Sydney war, sey ihr, Gott auf Erden! ich übergebe sie dir ganz! Darf ich mich auf deine Freundschaft verlassen?

Harrington. Ja du darfst. Ich schwöre dir bei dem lebendigen Gott!

Sydney. Schwöre mir nicht bei Gott! denn bei Gott schwören auch Bösewichte, und mit diesen sollst du nichts gemein haben. Willst du schwören so schwöre mir (schlägt auf Harringtons Brust) bei dieser biedern Brust, und bei diesen Fesseln, mit welchen England ihre wackere Bürger beehrt, weil Schurken nicht mehr würdig sind sie zu tragen?

Harrington. (eine Hand auf seine Brust, die andere auf Sydneys Fessel) Ich schwöre dir! Lille soll mit mir

glücklich seyn! ewige Schande nage an meiner Brust!
Sydneys Andenken soll mir eine Hölle seyn! soll mich
mehr peinigen als den Lucifer das Andenken, daß er
Gottes erster Engel war, wenn ich Lille jemals ver-
lasse! und nun Freund sey getrost! hoffe! (umarmen sich)
morgen sehen wir uns wieder!

Sydney. Lebe wohl! nun sterb ich ruhig.
(Harrington geht gegen die Thüre tritt aber auf das Geschrei
der Lille wieder zurück).

Achter Auftritt.

Lille, die Vorigen.

Lille. (noch hinter der Szene) Laßt mich! Laßt
mich!

Harrington. Was ist das?

Lille. (noch hinter der Szene) Laßt mich! ich muß
hinein! Sydney!

Sydney (bestürzt) O das ist mehr als der
Todt!

Lille. (schon in der Szene fällt ihm um den Hals)
Sydney!

Sydney. (nach einer Pause) Geh unglückliche ich
muß sterben, und dein Jammer macht mit den Todt!

Lille. Sydney sterben? ohne Lille? ich leben?
ohne Sydney? kannst du's? Ich kann es nicht! hier
stirbt mein Leben; hier muß auch Lille sterben! zerreiße
der

der Tod die Bande die der Priester seegnet! unsere Ban=
de knüpfte und stegilte die Natur, der Tod kann sie
nicht zerreißen! O ich bin an dem Ziel meiner Wünsche!
ich bin bei meinem Gemahl; nichts trennt mich mehr
von dir! Dank meinem Schicksal, daß deine Richter
Mörder sind! mich mit dir hinzurichten, wird ihnen
Freude, für mich Glück, das höchste meines Lebens seyn!
(schmiegt sich an seine Brust)

Sydney Gott! sieh herab, welche Herzen du tren=
nest! O wenn es dein Werk ist, so laß es dich noch=
mal gereuen Menschen erschaffen zu haben! doch ich ver=
gesse mich! geh' Elende! (will sich losreißen)

Lille (fester an ihm geschmieget): laß mich Syd=
ney! laß mich; an dich geheftet geh' ich mit dir wie
im Triumph zum Tode! Kommt Schergen! kommt!
nehmt euer Opfer! reißt uns hin: Ihr seyd noch mei=
ne einzigen Wohlthäter! so treff uns euer mitleidiges
Beil! damit das aus unserm Rumpf hervorsprudeln=
de Blut vereinigt zu euren Füßen hinriesle, und euch
noch warm und rauchend danke für eure blutige Wohl=
that (liest herabgestürzt) O Sydney! mein Gemahl!

Harrington. Fasset sie Miß! Sydney wird nicht
sterben, ich gehe zum König, um Gerechtigkeit für ihr
zu bitten!

Lille. (erstaunt über die Gegenwart eines Priesters)
Priester! wenn deine Tröstungen nicht Spott der Un=

glücklichen sind, so eile, rette den Unschuldigen! rette
mich, Elende! bring Heil für meinen Freund, für
meinem Geliebten, für meinen Gemahl! Du machst
dich bei mir zur Krone der Priester, die ich bisher
nur aus ihrer Unempfindlichkeit für das menschliche
Elend kannte! wie? du stirbst? — Du zögerst? bleibst
unbeweglich? ha, dein Kleid ist schwarz! — und deine
Seele — doch nein! du möchtest mich hassen! und
Priesterhaß ist unsterblich!

Sydney, (faßt Lille bei der Hand.) Lille du verkennst
deinen künftigen Beschützer! er ist mein Freund Harrington, nur unter dieser geweihten Hülle konnte er
zu mir kommen: Ihm hab ich dich übergeben!

Harrington. Uebermaaß des Mitleids lähmte
meine Zunge! seyn sie getröst! ein großer heiliger Eid
macht mich an sie verbindlich! Ich werde sie nicht verlassen.

Lille. Keinen andern Trost für mich, als Sydneys Rettung, oder Lilles Tod! edler, und rettet euren
Freund! oder wir sterben beyde.

Harrington. Ich gebe (will abgeben tritt wieder
davon zurück) Aber doch sie Miß, könnten zu Sydneys
Rettung nützeln!

Lille. Sprecht!

Harrington. Ich kann vom König nicht eher zu-
rückkommen, als morgen gegen 9 Uhr. Sehen sie zum

                                                    Obristen

Obristen und bitten um Gnade, oder wenigstens um
Aufschub der Hinrichtung bis Morgen.

Lille. Den Gedanken gab euch ein Gott! Ich gehe sogleich zu Kirke, sein Herz müßte Stein seyn, und
Rachsucht müßt' es zum Stahl verhärtet haben, wenn
ich ihn nicht bewegen könnte.

Sydney. Lille! Harrington! euere vereitelten
Anschläge werden nur euch . . . .
. . . Harrington! Lille! wir wollen nicht . . . an je-
dem Augenblick liegt Heil.

. . . . Gott beschütze dich Sydney! (umarmt ihn)

Harrington. Hoffe Freund! (umarmt ihn)

Lille. Sydney mein Leben (umarmt ihn)

Sydney. (umarmt beyde) Lille! . . . . . . beiden
Freunde Harrington; Harrington verlaß meine Lille
nicht: und nun lebt wohl theure Pfänder meines Herzens! (Alle fort.) Lille ringt die Hände gegen Sydney,
und tritt mit Harrington ab. Sydney ringt die Hände)
Nun ist's vollbracht! (fällt auf einen Stuhl hin. Der
Vorhang fällt.) . . . . dann — . . . .
. . . .
. . . .

Ende des dritten Aufzugs.

. . . .
. . . .
. . . .
. . . .
. . .   Vierter

Vierter Aufzug.

(Im Saal des Kirks.)

Erster Auftritt.

Clarendon, Romney. (geht tiefsinnig auf und ab)

Clarendon.

Ihr seyd tiefsinnig Mylord!

Romney. Und ihr habt nicht Ursach es auch zu seyn?

Clarendon. Sogleich nach dem Speisen ist es nun freylich nicht meine Sache.

Romney. (noch immer tiefsinnig) Werdet ihr Sydneys Todesurtheil unterschreiben?

Clarendon. (zuckt die Schultern) Nun was ist anders zu thun?

Romney. Erkennt ihr den Ritter für schuldig?

Clarendon. Nein! eben darum hab' ich Mitleid mit ihm; allein wer will dem Strom widerstehen?

Romney. Wir! — und wenn ihr im Stande wäret euer Gewissen einzuschläfern, die Gerechtigkeit auf die Schandbühne zu stellen, eure Hand gegen euer Herz zur Lügnerin zu machen, und das Bluturtheil eines nach euerer eigenen Ueberzeugung Unschuldigen zu unterzeichnen; wenn euch Gefühl von Billigkeit in die Ohren flüsterte: sey Mann, und brandmarke deinen

nen Namen nicht; Feigheit aber euch zur Memme, und
Menschenfurcht zum Schergen machte; so iſts Romney der eurem fürchterlichen Strom widerſtehen wird!

Clarendon. Euer Eifer treibt euch zu weit! ich
fürchte —

Romney. Und ich fürchte nichts! O Clarendon
gebt nicht nach! ſeyd Mann! das Blut dieſes Unſchul-
digen, würde wie des opfernden Abels Blut, ſelbſt aus
den ſprachloſen Höhlen der Erde zum Himmel um Gerechtigkeit und Rache über uns ſchreien; unſere Kinder würden die blutige Sünde ihrer Väter tragen müſſen, und unſere ſpäten Enkeln würden unſerer mörde-
riſchen Aſche fluchen!

Clarendon. Aber bedenkt daß Kirke Mittel habe,
uns zur Einwilligung und Unterſchrift zu zwingen!

Romney. Die hat er für jene denen Rechtſchaf-
fenheit Laune, Gerechtigkeit Spiel iſt! ſagt mir Graf,
waret ihr jemals im Zeughauſe zu London?

Clarendon. Ein Soldat! ein Offizier! vergeßt
ihr meiner Bravouren bei Sedgemor! ob ich jemals im
Zeughauſe war? wunderliche Frage?

Romney. Was ſahet ihr da?

Clarendon. Hölzerne Helden mit eiſernem Helm
und Panzer angethan, und mit alten verroſteten
Schwerdtern, Lanzen und Wurfſpießen bewafnet.

Romney.

Romney. Schreckten euch diese Helden?

Clarendon. Sonderbar! vielleicht als ich sieben Jahr alt war!

Romney. Solche alte vertostete Schwerdter, Lanzen und Wurfspieße, sind des Obristen Zwangsmittel; und so ein hölzerner Held ist Kirke; und ihr zittert?

Clarendon. Ha! beym Teufel das Gleichniß paßt nicht!

Romney. Kirke mit jenen, die ihm an Geburt und Stande gleich sind, verglichen, paßt es ganz richtig. Wer ist dieser Kirke, daß wir ihn fürchten sollen? Ein Soldat des Glücks, ein verwilderter Mensch, ein armseeliger Teufel, der zwar Mensch und Himmel ewig gegen einander aufhetzen, aber nimmermehr den Edeln zum Krieg gegen die Menschlichkeit zwingen kann! Ein Gespenst, auf dessen Stirne ein nacktes Todtengerippe sitzt, das wehrlosen Menschen zu tausenden den Tod drohet, aber unvermögend ist, aus der Seele nur eines einzigen biederen Mannes Recht und Billigkeit zu verscheuchen! —— Clarendon wir thun was gerecht ist, und lassen den hölzernen Helden auf seinem Platz stehen.

Clarendon. Aber ihr wißt doch Kirkes Ansehen beim König und seinen Befehl?

Romney. Es ist der Fluch der Könige, Sklaven um sich zu haben, die ihre hohe Launen für Befehle nehmen;

nehmen, von stolzen Blut ihrer gekrönten Bildsäule
für Gesetz halten, und die Gedanken der gefährlichen
Majestät zu befolgen haben, wenn sie vielmehr aus
Galle, oder übler Verdauung, als überlegter Absicht
aufgebracht ist! — Aber nein! es ist nicht möglich!
Jakob ist zu menschlich; Kirke mißdeutet des Königs
Befehle, mißbraucht seine Gewalt aufs schändlichste!

Clarendon. Und ich sag euch, Kirkes Unternehmungen sind wirklich die Befehle des Königs.

Romney. Gut! so will ich aus den Namen der
auf seinen Befehl ermordeten, einen Kalender für
den unmenschlichen König zusammensetzen; am Char-
freytag setz' ich Sydneys himmelschreyende Ermordung
hin! — Wenn dann Jakob Mordbefehle ertheilt,
Verweisungen und Bluturtheile unterschreibt; befiehlt,
daß Englands Bürger nicht mehr Menschen, sondern
Sklaven seyn sollen: und um seine Pasquille gegen
die Menschheit zu datiren fragt: der wie vielte ist
heut? — Wenn er den Geburtstag seiner Kinder
sucht, dem Tag der Entbindung der Königin nachrech-
net, den Namenstag seiner Maitressen zeichnet; —
dann will ich ihm diesen Kalender vorhalten, in welchem er selbst alle Tage roth wie Scharlach mit Menschenblut bezeichnet hat! — Oder, weil er gern betet,
will ich die Namen der erschlagenen in eine Litaney
zusammen ordnen, in seiner letzten Stunde, wenn das

                                                    Leben

Lebensblut von seiner erblaßten Wange weicht, und siegende Krankheit jede Muskel bricht; wenn der sinkende Puls sein Herz nicht mehr wärmt, die trokne Lunge mit Mühe sich hebt, der Augapfel starrt, dann will ich vor sein Gott hintreten. Ich selbst will sie ihm vorbeten, sie soll ihm Seufzer auspressen, Seufzer die die Welt seufzen würde, wenn Donner in der Luft sie zu verstören drohte; laut will ich ihm diese blutige Mordlitaney vorbeten: die beleidigte Menschheit wird antworten: Erlöse uns o Herr! und die frohlockende Hölle brüllen: Komm zu uns!

Clarendon. Ihr raset, und eure Heftigkeit kann euch selbst gefährlich werden. Laßt es unterdessen gut seyn, es wird ja doch nicht immer so fortdauren. Ihr werdet Oel auf Jakobs Grausamkeit, und Kirkes Mordsucht gießen, und sie wird heftiger auflodern. Ich dächt, es wäre besser, wir gäben noch dießmal nach.

Romney. Und ich dächt es wäre besser wir stünden vest und unbeweglich! noch wacht ein Gott über unserem Haupt; Er kann Bösewichte auf eine Zeit wüten lassen, denn er ist weise; aber einmal muß er doch strafen, denn er ist gerecht. Vielleicht wekt unser Widerstand, den Donner seines Zorns! Vielleicht fordert unsere Gerechtigkeit, das Schwerdt seines Grimms zur Rache heraus, dann zittere Jakob und Kirke!

Cla:

Clarendon. Ihr unterschreibt also das Todesurtheil des Ritters nicht?

Romney. Nein! — oder wenn ich es thue, so
erschalle mein Name mit ewiger Schande in der Welt!
jeder Schurke nenne sich Romney! meine Hand werde
lahm, und mein Arm falle von meinen Schultern! Elend
und arm will ich mit meinen Kindern herumirren,
und damit niemand mit meinem Elend Mitleid habe,
soll mein Gesicht, wie das Angesicht jenes ersten Bru-
dermörders, Neid zum Abscheu der Menschen schwä-
zen! — Todesangst soll mich in meinem Sterbebette
foltern, und Sydneys Schatten soll mich nicht sterben
lassen! Wasser und Erde speye meinen entseelten Kör-
per aus! Gott habe keinen Theil an meiner Seele!
und finde mich sogar seiner Verdammung unwürdig!

Clarendon. Gut Mylord! ich unterschreibe auch
nicht, rechnet sicher auf mein Ehrenwort!

Romney. O so ist Sydney gerettet!

Clarendon. Der Oberste wird es bereuen, daß
er den Ritter gerichtlich verhört hat.

Romney. Mag er's doch! auch das Urtheil mag
er mit Jeffrey unterzeichnen, ohne unsere Unterschrift
bleibt es doch immer kraftlos!

Clarendon. Ein fremder Officier!

Romney. Clarendon! bleibt Mann!

Clarendon. Auf mein Ehrenwort!

Zweiter Auftritt.

Wollaston. Die Vorigen.

Wollaston. Guten Tag Mylords!

Romney. Guten Tag! Ihr sucht ohne Zweifel den Obristen?

Wollaston. Ein dringendes Anliegen macht mich seine Gegenwart wünschen.

Romney. Wir hoffen ihn bald hier.

Wollaston. Der Himmel gebe, daß ich ihn gnädig finde!

Romney. (zu Clarendon) Ich denke der Himmel weint, wenn man von Kirke Gnade hofft! — hier kommt er!

Dritter Auftritt.

Kirke. Jeffreys. Tarring. Berkeley. Die Vorigen.

Kirke. (zu Clar. und Rom.) Meine Herrn! ihr habt die Gesellschaft geschwind verlassen?

Romney. Ihr wißt Mylord, daß mir das lange Sitzen nicht zuträglich ist.

Kirke. (zu Wollaston) Wer seyd ihr mein Herr?

Wollaston. Wollaston ein Lieutenant von Monmuths Rotte: Der König hat durch eine Acte allen an Monmuths Aufruhr Theilhabenden, die sich selbst und ihre Mitschuldige angaben, Gnade und Vergebung zuge-

zugesichert. Ich gebe mich selbst an. Ich war arm,
man hat mich durch gutes Handgeld an Monmuths
Anhang gekauft. Ich bereue meinen Fehler, und
schwöre meinem König ewige Treue. Ich hoffe von
euch im Namen des Königs Gnade! wüßt ich einige
Mitschuldige, ich würde sie ohne Zurückhaltung verrathen! Es ist aber hier eine gewisse Wittwe mit Namen Gaunt, die mehreren meiner Mitgesellen fortge-
holfen hat. Mir selbst gab sie Zuflucht und Sicherheit
in ihrem Hause!

Romney. Schandfleck der Menschheit! ihr verachtet eine Wohlthäterin?

Kirke. Graf! — — (zu Wollaston) Euer
Geständniß zeugt von neuer Rechtschaffenheit! Ihr
seyd begnadigt; aber Lady Gaunt soll der Strafe nicht
entgehen! (zu Tarring) Ihr mein guter Tarring, geht
mit Wollaston in die Wohnung der Lady, und nehmt
sie gefangen. *) Meine Herren! ihr wißt, daß heute
der Jahrtag der Vermählung unsers Königs ist;
zu dieser Feierlichkeit ordnete ich ein Lustspiel in
drei Aufzügen an. Ich lasse Monmuths Geheime-
schreiber, Wowell, dreimal hencken, die Wittwe

F 2 soll

___
*) Wo der fünfte und sechste Auftritt, zur Vorstellung
zu gräflich scheinen, mögen sie weg bleiben. Dann
müssen aber auch alle, von hier an, bis im siebenten
Auftritt mit Schwabacher Schrift gedruckte Stellen und
Worte weggelassen werden.

soll gleich nach dem Wowell lebendig verbrannt werden, (zu Jeffreys) nicht wahr meine Herrn, so wird es recht seyn?

Jeffreys. Ganz recht! Es ist billig, daß auf das Lustspiel auch ein kleines Feuerwerck folge!

Romney. (zu Clarendon) Die Erde ist in eine Hölle verwandelt worden!

Kirke. Richtig Jeffreys! — und ein Vorspiel wird das Fest noch mehr empor heben. Tarring! sobald ihr die Witwe im Netze habt, so laßt ihr die Verbrecher feyerlich mit Musik auf den Richtplaz führen. Ihr könnt den Weg hier durch den Saal nehmen, wir wollen unsere Schauspieler, noch ehe sie die Bühne betreten, kennen. Sydney mag die Partie mit machen, wenigstens wird ihm der Richtplaz morgen nicht mehr so fremd scheinen. Nun gehet! vollziehet alles, wie ich's anbefohlen, in möglichster Eile!

Tarring. Mylord ihr wißt, ich hab den Teufel, noch nie ist mir der Schurke untreu worden. Er muß mit, und meine Eilfertigkeit soll euer Lob verdienen. (zu Wollaston) Kommt am ersten zur Zahl! (ab.)

Ach-

Vierter Auftritt.

Die Vorigen, ohne Wollaston und Tarring.

Jeffreys. Zu Kirke. So wahr ich seelig werden will! Ihr seyd ein sinnreicher Kopf!

Romney. Wirklich! man sollte glauben, ihr hättet von Mutterleibe an bei einem Persischen König, oder beim Kaiser von Mogul in Hofdiensten gestanden.

Kirke. Schade daß ihr in Tanger nicht bei mir waret! dort erlebten wir mehr dergleichen frohe Tage, die Mohren sind in dergleichen Fällen, sehr erfinderisch.

Jeffreys. Teufels Mann!

Kirke. Ja das bin ich! Als mich mein Vater zeugte, war ein gewaltiges Erdbeben; und die Stunde in der mich meine Mutter zur Welt gebahr, ein Donnerwetter, wie keines seit drei Jahrhunderten in England gewesen ist. Dieß deutete einen sonderbaren Mann vor!

Romney. So zitterte die Erde, und fluchte der Himmel, als die in dem Augenblick eurer Zeugung und Geburt rasende Natur, so einen Ausfluß von Grausamkeit herausschäumte.

Kirke. Ausfluß von Grausamkeit? Ihr wollt sagen, Ausfluß von Heldenmuth! wirklich Alexanders große Seele muß in mich gefahren seyn!

Rom:

Romney. (mit Nachdruck) Das verdiente sie auch nur! Gott gebe, daß sie mit euch sterbe!

Kirke. Ha! ha! ha! unser Graf hat heute den Drang witzig zu seyn! Nun zur Sache meine Herrn, bevor das Vorspiel angehet, Tarring ist flink wie sein Teufel! Berkeley lest uns Sydneys Urtheil!

Berkeley. Im Jahre 1685. im ersten der Regierung Jakob des II. ist Sydney ein Englischer Ritter des Aufruhrs wider den König, und der Theilnehmung an der Verschwörung des Herzogs von Monmuth angeklagt, und auf Anhalten des Grafen Romney, den 26sten Julius, gerichtlich verhört worden. Seine eigene Aussage bestätigte seine Anklage, und setzte zu seinem Verbrechen noch jenes des Unglaubens und der Gottlosigkeit hinzu. Er ist also im Namen des Königs und der Gerechtigkeit zum Tode durch den Strang verurtheilt, und seine Hinrichtung auf den 27sten Julius vestgesezt worden. Gott helfe seiner armen Seele! Brigewater den 27sten Julius, 1685.

Kirke. Meine Herren, ihr seyd alle einstimmig?

Jeffreys. Höchst billig!

Romney Ich nicht!

Claxendon. (Furchtsam) Ich auch nicht!

Kirke. Possen! (unterschreibt)

Jeff

Jeffreys (unterschreibt) Nun mag er auf dem Galgen philosophiren!

Kirke. Graf! die Ordnung ist an euch!

Romney. Ich unterschreibe nicht;

Kirke. Daß euch Blitz und Donner zerschmettere! ——

Romney. Geduld Herr Obrister! noch ehe ein paar Wörtchen mit eurem Gewissen. Die im Urtheil angegebne Verbrechen sind dem Ritter von euch angedichtet, Sydney ist keines einzigen schuldig befunden worden.

Kirke. Herr, ihr getraut euch, mich der Ungerechtigkeit zu beschuldigen?

Romney. Euer Gewissen soll es thun, aber ihr habt die Kunst gefunden es einzuschläfern, und ich versuche bloß es zu erwecken: wehe euch wenn es erwacht!

Kirke. Graf ihr vergeßt, daß ihr mit dem fürchterlichen, Himmel und Erde trotzbietenden, Kirke sprecht! für wen haltet ihr mich?

Romney. Für einen Menschen, dem jeder rechtschaffene Mann Trotz bieten kann! für einen Mann, der durch zwanzig Jahre in Tanger lernte, wie man aufhören könne Mensch und Christ zu seyn?

Kirke. Weg mit Beleidigungen! unterschreibt!

Rom=

Romney. Euer Gewissen ist gestorben! — My=
lord! wenn euch euer eigenes Wohl und Sicherheit
lieb ist, so machet euren Gewaltthätigkeiten ein Ende.
Ihr lauft Gefahr der gereizten und gerechten Wuth der
Bürger zu Bridgewater zu unterliegen. Sie führen
Grausamkeiten beständig im Mund, wenn sie von euch
reden, schütteln sie die Köpfe, und flüstern einander
ins Ohr: Kirke ist ein Bösewicht! — — — — —
Kirke. Hölle und Teufel sollen in euren Einge=
weiden wüten! Ihr — — — — — — — —

Romney. Nicht ich, ganz Bridgewater, wer
von euch spricht, faßt den der ihm zuhört bei der Hand,
und wer zuhört macht Gebährden des Entsetzens, fal=
tet die Stirne, verdreht die Augen und knirscht mit den
Zähnen. — — — — — — — — — — — —
— Kirke. Laßt sie nur! — — es soll ihnen schon ver=
gehen, noch kennen sie Kirken nicht, er hat sich ihnen
nur erst gemeldet, noch sind Bäume genug im Park,
auf jedem Ast soll ein Bürger hangen, der vorüberge=
hende Wandrer wird es sehen, anstaunen, und Hun=
gersnoth ahnen, weil statt Aepfeln Menschen an Bäu=
men hängen. Zur Sache, unterschreibt!

Romney. Ich darf nicht! ich kann als treuer Un=
terthan meines Königs zu seinem Sturz, den euer Morde=
thaten für ihm schmieden, nicht mitwirken.

die Sicherheit des Königs erheischt. Sobald, so wird jedes Aufrührers Tod. Graf erkennet eure Pflicht.

Romney. Wie neu und jung ihr noch in dieser bejahrten Welt seyd! wißt ihr nicht, daß diejenigen die im Blutvergießen ihre Sicherheit suchen, nur blutige und schnell verschwindende Sicherheit finden? eure Uebelthaten werden die Herzen des Volkes von dem König ganz abwenden, sie werden ihn nicht mehr lieben, sie werden ihn fürchten, bald darauf hassen, und dann, den kleinsten Anlaß, seiner blutigen Regierung ein Ende zu machen, mit Freuden ergreifen. Es wird keine natürliche Ausdünstung in der Luft seyn, kein unfreundlicher Tag, kein gemeiner Sturmwind, kein Komet, kein Mißwachs in der Natur, kein Erdbeben, dem sie nicht eine übernatürliche Ursache beilegen, und für beredte Zeugen des Himmels, und der Erde halten werden, die mit lauter Stimme zur Rache wider Jakob und Kirke rufen. Der König wird zu schwach seyn, der aufgebrachten Nation zu widerstehen, ein Tod oder noch schimpflichere Flucht wird sein Loos bleiben, was soll alsdann aus Kirke werden?

Kirke. Wenn ihr wißt, daß Jakob 20000 Mann auf den Beinen, und 150 Kriegsschiffe im Hafen hat, und doch so sprecht; so seyd ihr ein Narr, verzeiht mir's Herr Truchseß.

Romney. Wenn ihr wißt, daß eine ſo ſehr aufgebrachte Nation 20000 Mann nicht fürchte; vorzüglich, wenn ſelbſt unter dieſen die größte Anzahl mißvergnügt iſt, und dennoch Sicherheit für den König hofft; ſo ſeyd ihr ein Träumer, vor den Joseph und Daniel zu Schanden werden müſſen.

Kirke. (nimmt das Urtheil und die Feder) Hier unterſchreibt! oder eben dieſe Feder ſoll euren Namen bei dem König ſo ſchwarz machen, daß die ganze Temſe nicht hinreichen wird, ihn wiederum weiß zu waſchen!

Romney. So wahr Gott lebt, ich unterſchreibe nicht!

Kirke. Armſeeliger Schwur! Wenn man euch ſo armſeelig ſchwören hört; ſollte man glauben, ihr ſeyd nicht weiter als bis Southwark gekommen! Ich ſchwör' euch bei Gott und Teufel, bei Himmel und Hölle, bei Galgen, Schwerdt, Rad, und Scheiterhaufen; Sydney muß ſterben, ihr mögt unterſchreiben oder nicht!

Romney. Gebt her! (nimmt das Urtheil in eine, die Feder in die andre Hand) Iſt dies Urtheil gerecht?

Kirke. Nur eine gewiſſenhafte Memme kann das nur zweifeln!

Romney. Bei Gott, Himmel, Hölle und Teufel beſchwör ich euch: Iſt dies Urtheil gerecht?

Kirke. Es ist im Namen des Königs und der Gerechtigkeit abgefaßt.

Romney. Bei dem Heil des Königs, und im Namen der Gerechtigkeit beschwör ich euch: ist dies Urtheil gerecht?

Kirke. Gott und der König können kein gerechters über Sydney sprechen!

Romney. Genug! bei Gott und dem König schwör' ich euch! es ist das ungerechteste das jemals auf Erden ist gesprochen worden! Aber an jenem schrecklichen Tag, an welchem die Angeln des Himmels aufspringen, Sonnen auslöschen, Planeten sterben, die aufrührische Natur, und ihre Diener arbeiten werden, die alte Welt zu verschlingen, oder eine neue auszuspeyen! — An jenem schwarzen Tag, an welchem die Elemente über ihre verstörte Grenzen streiten, die Schöpfung genesen, und die gescheiterte Natur das zerschmetterte Ruder wird sinken lassen, damit Welten in's Chaos fallen, und Himmel müß liegen mögen! — An jenem langen Tag an welchem die letzte Rechnung zwischen Gott und der Schöpfung soll gemacht werden, wenn der allgemeine Richter mit seiner Donnerstimme die Menschheit vor seinen Richterstuhl fordern wird! Dann, dann wird dieses Blatt und diese Feder zur Verdammung wider euch zengen, ewig wird es auf eurem Nacken brennen, so hell bren-

nen,

nen, daß seine Flamme in den äussersten Winkeln der
Hölle, Teufeln zur Peinigung der Verdammten leuch-
ten wird! Sollte die Hölle selbst je auslöschen können,
so wird sie Lucifer an diesem brennenden Urtheil wieder
anzünden, und in vollen Brand stecken, (wirft das Urtheil und die Feder zu Kirkes Füßen,) hier habt ihr euer
Urtheil ruft Teufel zum unterschreiben.

    Kirke. Furie wie keine in der Hölle ist! ihr sollt
es büßen! zittert vor Kirkes Rache! Du
der du da über den Sternen herrschest! schleudere
deine Blitze herab auf mich! Ich will vernichtet seyn!
nur überlaßt Romney nur eine Minute meiner Rache! — (zu Clarendon) unterschreibt!

    Clarendon. (schreibt) Verschonet mich Mylord!
Kirke. Keine Gnade! — —

    Clarendon. (unterschreibt) In Gottes Namen!

    Kirke. Nun ist es recht! Romney muß sterben,
(zu Romney) hört ihrs? sterben muß er! sterben sag
ich euch! Helft euch wackerer Jefferys und Clarendon
(zu Romney) Euch weher ein Wehe! das Kirkes ganze
Erfindungskraft auf die Folter spannen soll! sollt ich
auch des qualvollsten Todes sterben, sollt ich selbst
mein Recht zur ewigen Seeligkeit auf öffentlichen Märk-
ten feil bieten; und der Verdammten Barmherzigkeit betteln müssen! Wenn mir ihr meiner schöpferi-
schen Rache nicht entrinnet!

Romney. (zu Clarendon) Clarendon! Ich und euer geschändetes Ehrenwort erkläret euch vor allen Rechtschaffenen zum Schurken aus Feigheit.*)

Jeffreys. Der Zug kommt!

Kirke. Eben zu rechter Zeit

* * *

Fünfter Auftritt.

(Das Chor mit trauriger Musik von blasenden Instrumenten zusammengesetzt geht voran. Dann folgt Tarring mit 2. Reihen Soldaten, 4. Mann in jeder Reihe, hinter diesen zwischen zwei Schergen Wowell geschlossen. Dann wiederum eine Reihe Soldaten, hinter welchen Ladi Gaunt geschlossen ihren Knaben zwischen 2. Schergen an der Hand führt und weint. Fällt mit dem Knaben dem Kirke zu Füßen, beide ringen die Hände.)

Gaunt. Gnade! Ich hab nur gethan was eine Menschenfreundin schuldig ist! Ich bin unschuldig!

Der Knabe. Gnade! Barmherzigkeit! für meine arme Mutter!

Kirke. Fort! reißt sie weg! schlept sie fort!

(Die Schergen reißen beide von Kirke weg, wollen ihr auch den Knaben wegreißen, sie nimmt ihn in ihre Arme. Dann abermal eine Reihe Soldaten, hinter welchen Sydney ge-

*) Wo der fünfte und sechste Auftritt weggelassen wird, muß Romney hier abgehen.

geschlossen ruhig, und großmüthig einhertritt, und satyrisch
dem Kirke und Jeffreys zulächelt. Romney fällt Sydney
um den Hals, küßt ihn und seine Fesseln, drohet dem
Kirke durch Mienen, Rache, und läuft weg. Hinter
Sydney schliessen z. Reihen Soldaten den Zug.) (ab)

Sechster Auftritt.

Kirke. Jeffreys. Clarendon.

Kirke. (schnaubend) Chertsey! (der Gediente
kommt) bringt Wein!

Jeffreys. Das Vorspiel war herrlich!

Kirke. (schnaubend) Ha beim Teufel herrlich!
Romney! — so eine Canaille! — ohne Herz und Muth!
— habt ihr den Ritter bemerkt? der unverschämte
Bube! — sein teuflisches Hohnlächeln! —

Jeffrey. Laßt ihn hohnlächeln, er muß hängen!
Sydney ist Philosoph! im Kabinet nennen wir sie
Narren, desgleichen ihr in Tanger gewiß nicht hattet.
Sie bauen sich ihre eigne Welt, schaffen nach ihren
Träumen die abgeschmacktesten Systeme von Gesetzen
und Tugend; verachten alles, und werden von allen
vernünftigen Menschen verachtet. Ihre unerschrocke-
ne Stirne mit der sie jeder Macht trotzen, ist mehr
unbiegsam als groß: werden sie beschimpft; so sagen
sie Schimpf ist Ehre. Läßt man sie Noth leiden und
vor Hunger darben; so machen sie Noth und Hunger

zu

zu tugendhafter Enthaltsamkeit und Mäßigkeit; schließt
man sie von Aemtern und Ehrenstellen, wo sie gar
nichts taugen, aus; so sagen sie das Amt oder die
Ehrenstelle wäre unwürdig gewesen, von ihnen beklei-
det zu werden. Ewiges Gefängniß, Tollhaus, Strang
oder Schwert führt sie endlich zurück, dann sehen sie
ein, daß sie eine leere Wolke anstatt der Juno umarm-
ten, und dem nackten Philosoph zu Liebe, Narren geworden sind. Und so ein Narr ist auch Sydney.
(Eine Posaune erschallt. Während dem ganzen Spektakel
werden kurze traurige Märsche geblasen; zu Ende eines
jedweden erschallen Trompeten und Pauken.)

Kirke. Nun ist es Zeit! zum Fenster! — — —
Wie der Kerl zittert! — — —

Jeffreys. Der Scharfrichter ist gut gewählt worden. (   )

Kirke. Wir wollen ihn noch zum Meister in der
Kunst machen! — — — Nun ist es auf dem letzten
Sprossen! — — (ruft laut) Pardon für Monmouth!

(hinter der Scene)

— — — Pardon für Monmouth!

(Trompeten und Pauken. Der Bediente schenkt ein.)

Kirke. Es lebe der König! (trinkt)

Jeff. Claren. Es lebe der König! (trinkt)

Kirke.

Kirke. Nun der erste Aufzug ist vorbei. Es beginnt der zweite. (ruft laut) Nochmal hinauf mit Wowel! bei Gott ist Pardon! (hinter der Szene)

Nochmal hinauf mit Wowell!

Jeffreys. Der Kerl fühlt Todesängsten —

Kirke. Einen Kerl so in Todesängsten sehen, ergötzt mich mehr als der Römischen Kayser — wie hieß er doch?

Jeffreys. Vielleicht Nero?

Kirke. Der Anblick des brennenden Roms! — — — — Nun ist er wieder oben — (ruft laut) Pardon!

(hinter der Szene)

Pardon! (Trompeten und Pauken)

Kirke. Es lebe die Königin! (trinkt)

Clar. Jeffr. Es lebe die Königin! (trinken)

Kirke. Zum Tode mit Wowell! (hinter der Szene) zum Tode mit Wowell! — —

Kirke. Die elende Kanaille! kaum kann er mehr hinauf klettern! — — — (   )

Jeffreys. Nun hat er's überstanden! — —

Kirke. Schade! helf ihm Gott (Trompeten und Pauken) — — Es lebe Jeffreys und Clarendon! (trinkt)

Jeffreys. Clarendon. Es lebe Kirke! (trinken)

Kirke.

Kirke. Jezt zum Feuerwerck! — — —

Jeffreys. — — — Sie stehet schon auf dem Scheiterhauffen! — — —

Kirke. Bald wird die Bestie in der Hölle brennen!

Jeffreys. Was will sie dann mit dem Knaben?

Clarendon. Wie sie ihn drückt und küßt! die arme Mutter! der arme Knabe!

Jeffreys. Der Scheiterhaufen brennt schon! (Man hört den Pulversack zerplatzen)

Kirke. Nun ist sie hin! (Kirke und Jeffreys klatschen zum Fenster hinaus)

Jeffreys. (Im Weggehen vom Fenster) Bravo! so wahr mich Gott liebt, Kirke, ihr macht euch im Himmel und in der Hölle Freunde, es kann euch nirgends übel gehen.

*   *   *   *

Siebenter Auftritt.
Tarring, die Vorigen.

Tarring. Mylord, eure Befehle sind vollzogen!

Kirke. Ist euch Romney nicht begegnet?

Tarring. Er bestellte sich eben Pferde, und ist willens, binnen einer halben Stunde, von hier nach Bath abzureisen.

Jeffreys. Er reist zum König!

Kirke. Gut! hier überbringt Sydney sein Urtheil, und damit es Romneys Geschwätz beim König nicht mehr entkräften könne, so soll er noch diese diese Nacht gehenckt werden. Besorgt meine Befehle, eine Hauptmannsstelle soll der Lohn eures Diensteifers seyn.

Tarring. Freue dich Teufel! du wirst Hauptmann mit mir! um 12 Uhr hengt Sydney! (ab)

Achter Auftritt.

Die vorigen, dann Chertsey.

Kirke. Es ist mir doch unangenehm, daß Romney zum König reiset. Er hört Denunzianten zu gerne, und Romney ist zu boßhaft, als daß wir nichts zu befürchten hätten.

Jeffreys. Laßt sie denunziren sie verwirren dem König den Kopf, und gerade so brauchen wir ihn! auf die letzt weis er selbst nicht wie er daran ist, endlich muß er doch uns fragen, und dann steht es bey uns, wie tief wir den Sir Jakob in's Spiel wollen hineinblicken lassen. Euch in's Ohr: nichts beyestiget den Kredit eines klugen Ministers, bei einem Fürsten, der nie mit eigenen Augen sieht, mehr; als Denunzianten.

Kirke. Aber Romney! — —

Jef=

Jeffrey. Mit diesem will ich mich auch abfinden. Der König ist furchtsam sein Thron noch schwach, er hofft Stärke vom Himmel, und, um sie zu erhalten, macht er den Andächtler: man schildere ihm Romney als einen Freidenker, weil er für den Ritter das Wort führte, und er fällt in Ungnade. Dieser Kunstgriff wird uns jeden, der uns im Wege steht unter Jokob auf die Seite schaffen. — Ihr seyd wackere Soldaten meine Herren! aber das Kabinetsspiel ist meine Sache: verlaßt euch auf mich!

Cheitsey. Mylord ein junges Frauenzimmer verlangt euch zu sprechen!

Kirke. Sie mag kommen! (zu Jeffreys) dergleichen Gäste sind mir stets willkommen.

Neunter Auftritt.

Lille die Vorigen.

Lille. (läuft mit zerstreuten Haaren, die Hände ringend, herein, fällt Kirke zu Füßen) Mylord! Gnade! um Gotteswillen Gnade! (stockt, in Thränen, umfaßt die Knie des Kirke)

Kirke. Gnade? für wen? steht auf!

Lille. Ihr habt den Ritter Sydney zum Tode verdammt, er ist unschuldig! er ist der beste der Menschen! er ist mein Gemahl! (stockt abermal)

Ritte (zu Jeffrey) Kein unangenehmes Geschöpf! (zur Lille) Mylady! Das Schicksal eures Gemahls liegt ganz allein in meinen Händen! was ist mein Lohn, wenn ich ihn euren Thränen wiedergebe?

Lille. Ach Mylord! wenn ihr mit Sydney wieder gebt; so werdet ihr in den Augen des Himmels nur gerecht; in den meinigen aber der Großmüthigste der Menschen seyn.

Ritte. (richtet sie auf) In den Augen des Himmels bin ich gerecht wenn ich Sydney sterben lasse. Er ist unendlich strafbar, und er soll euer Gemahl seyn? ein Verräther seines rechtmäßigen Fürsten soll so viele Reize besitzen? Mylady ihr verlangt etwas unmögliches von mir, er muß sterben!

Lille. Sydney ein Verräther? sterben? Nein! er ist unschuldig! (fällt ihm zu Füßen) Mylord wenn mein Gemahl strafbar ist; so bitt ich für ihn um Gnade, Gerechtigkeit mag ihn zum Tode verurtheilen, Barmherzigkeit kann ihn zum Leben rufen. Ach Mylord! Gerechtigkeit adelt den Mann; Barmherzigkeit verschönert den Menschen! — Gnade für meinen Geliebten Gnade! Hülfe! Erbarmung für Sydney! oder wenigstens für mich! laßt mich mit ihm sterben! oder begnügt sich eure Gerechtigkeit mit einem einzigen Opfer, so lasset Sydney leben, und schickt mich für ihn zum Tode! O erbarmet euch einer Unglücklichen! die nur

mehr

mehr den Todt verlangt! — Mylord! — Ach! —
(Sie stockt. Kirke winkt den Umstehenden, daß sie abtreten sollen,
hebt Lille auf, läßt sie neben sich sagen, faßt sie bei der Hand.)

Zehnter Auftritt.

Kirke, Lille.

Kirke. Schöne Fremde ihr sollt nicht sterben!
ihr verlangt Gnade für Sydney und wie sicher sind
diese bezaubernde Blicke, daß sie selbe erhalten werden?
aber um welchen Preis?

Lille (rückt ihren Sitz weiter, Kirke den seinigen näher)
Ach was kann eine unglückliche, die von ihren Ältern
nichts als die Schmach und die Verzweiflung geerbt
hat thun, den Minister zu belohnen? — Ich bin arm!
— Sydneys Herz ist mein ganzer Reichthum! —
wär' ich selbst auf dem Throne, so würd ich die Tugend entehren, wenn ich mich erkühnte euch zu belohnen.

Kirke. (Drückt hitzig ihren Arm, sie zieht sich zurück)
Reizende Schöne! ihr besitzt einen Schatz, den ich hö-
her achte als die Gunst der Könige! dieser zärtliche
Blick! diese reizende Züge! — Dieser ganz zum Kuß
geschaffene Mund! Wenn ich hoffen dürfte!

Lille. (springt auf) Barbar! Ich versteh euch!
meine Schande soll die Belohnung eurer Gnade seyn?
ihr wollt mich niederträchtig machen, damit ihr gereht

werd

werdet? ich will unglücklich seyn! ich häb mit einem
einzigen Blick in die Falten euer strafbaren Seele ge-
sehen, das Laster in seiner ganzen häßlichen Gestalt an
euer Seite, zeigt mir die Unschuld meines Gemahls!
Er soll sterben! frolockt über euer Opfer! ihr könnt
Unschuldige morden; aber die Tugend schänden —
Nein das könnt ihr noch nicht! (er läßt sie, ermarmen)
Weg Lasterhafter!

Kirke (zu sich) Wie reizend, selbst in ihrem Zorn!

Lille (zu sich) Doch Wiederstand macht ihn nur
verwegener. Ich will bitten. (zu Kirke) Sehet mich
noch einmal zu euren Füßen wie zu Gott habe ich zu
euch meine unschuldigen Hände empor! im Namen alles, dessen was euch im Himmel heilig, auf Erde theuer ist bitt ich, gebt euer Schlachtopfer meinem Schmerz
wieder! fordert nicht von einer unglücklichen das schreck-
lichste Opfer! gönnet mir, daß ich noch heitere Blicke
zum Himmel aufheben könne! zwinget mich nicht zu
einem Verbrechen, welches die Reue eines ganzen Lebens nicht austilgen könnte! — O sehet mich an! ich
habe nichts mehr — als noch einige Stunden des Lebens — und meine Tugend! — nehmt mir diese qualvolle Stunden! — und laßt mir die Tugend! —

Kirke. Aberne Bedenklichkeiten! was geht mich
eure Tugend an? ich will nur eure Gunst und diese
will ich erzwingen, koste es was es wolle. Ich weiß

de mein Vergnügen euren Säugamme-Begriffen nicht aufopfern. Ich muß noch diesen Abend der glücklichste der Menschen seyn, wo nicht, so stirbt Sydney, und ihr zittert!

Alle. Wilder Soldat! Ihr glaubt, daß die Stimme eines Menschen mich zittern machen könne? geht! ich hab eine erhabnere Seele als ihr, weil ich noch nicht in der Schule des Lasters gewesen bin! versucht es meinen Gemahl zu retten, und laßt mich statt seiner des Todes der Verräther sterben; wenn ich unschuldig bin, mit welchem Stolz ich auf das Schaffot steigen werde! — Sydneys Gemahlin fürchtet Gott und die Schande; und glaubt Tyrannen trozen zu können.

Riele. Liebenswürdige Furie! ich gehe Sydneys Hinrichtung zu verschieben. Diesen Abend ich an dem Ziel meiner Wünsche; oder Sydney an dem Galgen. (ab)

Eilfter Auftritt.

Lilla.

(Steht durch eine Pause sprachlos und nachdenkend da, und sieht gen Himmel) Gott bist du der gerechte Urheber der Tugend! willst du deine Geschöpfe tugendhaft haben! warum verwickelst du unsere Schicksale so, daß das Laster fast immer glücklicher macht als die Tugend? — — — (fällt auf die Knie) Allwissender Richter meiner

ner

ner Tage! wenn mein Leben bisher rein war, wenn
Sydneys Herz deiner würdig ist: so nimm mich in deinen
Schoos auf, und rette mich von — Lästerungen — deiner —
Weisheit! (steht auf geht tiefsinnig auf und ab) mein Gemahl!
— er wird sterben! — — ich habe ihn retten können!
— — und ich konnt ihn lassen? — — — welch
entsetzliche Wahl? entweder die Verachtung meines Geliebten zu tragen, oder sie zu verdienen! — — —
Liebe wider Tugend! Tugend wider Liebe! — welch
ein fürchterlicher Kampf! — — — was ist Tugend?
— — Vorurtheil! — — woher dieß Vorurtheil?
— von der Meinung der Menschen! — woher diese
Meinung? — von Erziehung! — — ja! dem Vorurtheil, und der Meinung soll Sydney zum Opfer fallen? — — — nein! nein! Tugend ist nicht Vorurtheil! — — was ist sie dann? — ein geheimes Gefühl von Recht und Unrecht! — — lächerliches Ding!
dann giebt es so vielerlei Tugend als Menschen! — —
aber vielleicht hat die Gewohnheit des Lasters das Gefühl von Recht und Unrecht erstickt? — — nur ein
Vielleicht? — — und dem will ich Sydney opfern?
— — — — — Mittel zum Zweck des Ganzen?
— — ja! das ist sie! — und nun wer kann Tugend
wägen, wenn er das ganze nicht sah? — — (Pause)
— fort! es sind die Gesinnungen des Lasters, das sich
vor seiner eigenen Gestalt schreckt! weg Liebe die Tugend

gend siege! das ist der Wille meines Sydney und das
Loos seiner unglücklichen Lille! nein Sydney! das Laster soll dich nicht retten! Die Tugend versiegelte unser Bündniß, das Laster zerreißt es, Gott könnt es nicht
mehr ganz machen, er müßte Laster zur Tugend um-
schaffen, und das kann er nicht! — Stirb Sydney!
dein Tod ist der Triumph der Tugend! auch ich habe
sterben gelernt! Tugend und Tod vereinigen uns das
zweitemal dort, wo uns kein Bösewicht mehr trennen
kann! (ab)

Zwölfter Auftritt.

Kirke, Tarring.

Kirke. Lieber Tarring, ich verspreche euch heute
eine Hauptmanns Stelle, und ihr wißt ich halte Wort!
nur noch einen einzigen Dienst, und ich sende euch mit
einem auszeichnenden Empfehlungsschreiben zurück zum
König.

Tarring. Sprecht Mylord! was soll ich.

Kirke. Etwas das eure ganze Schwarzkunst er-
fordert, das nur der lose und schlaue Tarring auszufüh-
ren im Stande ist;

Tarring. Ihr macht mich begierig! sprecht! soll
ich der Hölle den Krieg ankündigen?

Kirke. Nein! etwas viel geringeres, nur ein
Weib — nein nur die Tugend eines Weibes sollt ihr

überwinden und den beleidigten Stolz eures Obristen
rächen?

Tarring. Sie ist überwunden, sagt nur wo?

Rike. Dort wo ihr gestern den Ritter Sydney
gefangen nahmt. Sie ist seine Gemahlin, und war
eben hier für ihn zu bitten. Ich machte ihr Hoffnung
wenn sie sich darauf verstehn wollte, mir ein bischen
gut zu seyn: aber die tugendhafte Kröte schlug meinen
Antrag aus mit einem Stolz, der mich auf die letzt
Schamroth machte, wirklich das erstemal in meinem
Leben.

Tarring. Also diese spröde Lukrezia wollt ihr überwunden haben? — lebt wohl!

Rike. Wo wollt ihr hin?

Tarring. Die Vestung mit Sturm einnehmen.

Rike. Nein nicht mit Sturm! mit List!

Tarring. Mit List? Teufel verlaß mich nicht! du
wirst Hauptmann mit mir! — — — bald sehen
wir uns wieder!

Rike. Sagt mir doch erst wie ihr es anfangen
wollt!

Tarring. (spricht nachdenkend) — — — Im
ganzen Haus ist niemand als die Ladi und ihr Kammermädchen. — — Ich nehme Opium zu mir, gehe
zur Ladi, — — — sag' ihr Sydney sey begnadigt.
Gewiß sie fällt vor Freude in Ohnmacht; dann ruf ich

um

...Hölle, laß das Kammermädchen Wasser und Geist bringen, thu das Opium unvermerkt hinein; — und damit uns das wachende Kammermädchen das Spiel nicht verderbe, laß ich sie davon kosten, ob es nicht zu stark ist? — Dann geb ichs der ohnmächtigen Ladi zu trinken! Die Ladi schläft, und

Kirke. Wie wenn die Ladi nicht ohnmächtig wird?

Tarring. Das ist des Teufels! — Ha! — ich laß ihre Freude bis das höchste steigen, dann sag ich ihr: Sydney hengt schon! Die ganze Hölle müsse zu Schanden werden, wenn ein Weib vom höchsten Gipfel der Freude, in dem Abgrund des Schmerzens herabgestürzt, nicht ohnmächtig würde!

Kirke. Richtig! eure List macht eurem schwarzen Meister Ehre, ihr dient ihn nicht umsonst. — Aber wie machen wir der Ladi die Niederlage ihrer Tugend zu wissen? denn dies gehört doch zur Vollkommenheit unsres Sieges.

Tarring. Hm! Hm! Hm! — — — dem ist auch abgeholfen. Sobald die Ladi zu sich kommt, sag ich ihr ich hätte sie auf beide Fälle nur vorbereiten wollen, noch sey Sydney weder begnadigt, noch gehenkt: sie könnte aber hoffen, wenn sie morgen noch mal zum Obristen, den ich ihr auf das vortheilhafteste schildern will, um Gnade zu bitten käme.

Kirke. Bravo! Nun geht Schurke vollendet eure
Werk. (ab. Von einer Seite)

Tarring. Adieu Herr Collega! (ab. Von der
andern Seite)

Fünfter Aufzug.

(Im Saal des Kirke in der Mitte, mit einem Vorhang
zum aufziehen.)

Erster Auftritt

Kirke. Tarring.

Kirke. Wird die Ladi kommen?

Tarring. Ohne Zweifel! ich hab meinen Mohren weiß gewaschen, ich hab euch zum Gott bei ihr
gemacht!

Kirke. Ich dank euch Tarring! der Spaß soll
mir mehr gelten, als wenn ich das Serail des türs
kischen Großsultans gestürmt hätte.

Tarring. Ein schlechter Soldat! der Weibers
tugend nicht alle Tag zwölfmal zur Bettlerin machen
könnte!

Kirke. Nun so leicht ist es eben nicht! Weibers
tugend ist Eigensinn! und diesen können nur die geheims
sten Kunstgriffe der Hölle überwinden! Ich wenigstens
könnte ein ganzes Buch anfüllen mit Versuchen, die
mir mislungen sind. — — Ist Sydney schon hier?

Tarring.

Tacring. Ich hab' ihn noch vor Tagesanbruch
hierher bringen lassen!

Kirke. Eben kömmt unsre Heldin!

Zweiter Auftritt.

Lille. Die Vorigen.

Kirke. Sie schon hier meine Schöne? hat sich
das Ungewitter ihres Zorns, daß mir gestern so fürchterlich drohte, schon gelegt?

Lille. Ist es wahr was mir der Herr Lieutenant
von euch gestern sagte; so vergebt es dem Uebermaaß
meines Schmerzens, wenn ich gestern eurer Güte zu
nahe getreten bin! — — Ist bin ich hier um Leben
oder Tod aus eurem Mund zu vernehmen! meine
Thränen sind vertrocknet! — Schmerz hemmt meine
Worte! (fällt ihm zu Füßen) gebt mir meinen Gemahl! —
oder den Tod! —

Kirke. Ihr liebt doch euren Gemahl?

Lille. Mein Leben hängt an ihm!

Kirke. Und sein Leben in meiner Macht? und
ihr kommt so spät für ihn zu bitten? Ihr habt ohne
Zweifel gut geschlafen?

Lille. War es Schlaf, Ohnmacht, oder Tod;
das weis ich nicht; nur das weis ich, daß beim Er-
wachen mein erster Seufzer: Sydney! war

Kirke.

Kirke. Habt ihr nicht von eurem Ritter geträumt! Verliebte träumen ja erst, vorzüglich wenn sie tugendhaft sind?

Lille. Mylord wenn ihr der Tugend spottet, so bin ich noch nicht ganz unglücklich! euer Spott ist mein Stolz!

Kirke. Habt ihr auch von mir nicht geträumt?

Lille. Träumen kann ich nicht von euch; wenn ihr aber in diesem Ton zu sprechen fortfahrt, kann ich euch wachend verachten!

Kirke. (sieht schlau auf Tarring) Aber gewiß nicht schlafend?

Lille. Um so gewisser sterbend! denn keine Nacht wird mich mehr von Sydney trennen! Lebt er — — noch! — oder ist er — todt? — peiniget — mich — nicht länger! —

Kirke. Ihr sollt euren Gemahl wieder haben. Er ist schon hier, ich will Zeuge eurer gegenseitigen Zärtlichkeiten seyn, und euer Vergnügen mit euch fühlen! Tarring! führt sie hin zu ihm. (Tarring nimmt sie bei der Hand, zieht den Vorhang auf, Sydney sitzt todt mit dem Strang um den Hals. Lille läuft auf ihn zu)

Lille. Sydney! — Sydney mein Gemahl! (nach einer Pause) Was ist das? — Du antwortest mir nicht? — (schüttelt ihn bei der Hand) Er ist todt! — (steht durch eine Pause erstarrt da) (dann zu Kirke) Böswicht!

sewicht! — (fällt zurück auf Sydney) Sydney du todt! —
und ich lebe noch? — (gegen Kirke und Tarring) Euer
Sieg ist vollkommen! Teufel! — doch nein! er ist
es nicht! Ich lebe noch! Sydney! du todt! — —
O ihr Tigerherzen in Menschenhäute gehüllt! O welcher Name ist ärger als Mörder damit ich ihn nennen möge? — Nein! — mein Herz wird zerspringen
wenn ich rede! — Ja; — reden will ich damit mein
Herz zerspringen möge! Warum rufet ihr mich her?
euer Mordburst ist mit Blut gestillt! nicht wahr, nun
dürstet ihr nach Thränen der Unglücklichen? aber sieh
ich weine nicht! — Nein! Thränen sollst du nicht haben! hohle dein Schwerd! diesen hast du schon ermordet, er ist unschuldig! sieh hier noch eine Unschuldige! — stoß zu! sieh hier eine Brust die deine Mör-
derwuth noch reitzen kann! tödte mich! — — Was?
willst du nicht? Mord ist dir ja ein Allmosen geben!
die dich um Blut bitten stössest du nie zurück! Kannst
nicht! (zu Tarring) Nun so thue du's getreuer Knecht
eines Mörders! — hörst du! ich bin unschuldig! Oder
mordest du Unglückliche lieber? so wisse daß ich es bin!
warum säumest du? zieh! stoß! Blut! Tod! — Du
siehst mich nicht an? auf deinen Augen sitzt Mord!
O könnten sie zu Augen des Basilisken werden! Ich
würde dich bitten daß du mich anblicktest, und mich
Unschuldige mit deinem Blick tödtetest, weil dein

Schwerd

Schwerd schon stumpf, oder deine Hand schon
lahm ist.

Kirke. Schonet euch Labi! ihr erschöpfe euch!
ihr habt nur erst gesehen, ihr mußt auch noch hören!

Lille. Ja! — ihr habt recht! — ich muß mich
schonen! — denn ich muß euch noch fluchen! — in
Flüchen wider euch will ich meinen letzten Athem
aushauchen, dann sterben! — Gott der du mir Syd=
ney gabst, räche seinen Tod! Himmel wo sind deine
Blitze! zerschmettere die Mörder meines Gemahls!
O wäre meine Zunge im Mund des Donners! dann
wollt ich mit einem Ungestüm die ganze Welt erschüt=
tern, und wider euch zur Rache aus dem Schlaf
wecken! — können Flüche durch Wolken dringen, und
hin vor den Thron der ewigen Gerechtigkeit kommen, o
so eröffnet euch ihr Wolken! die ihr selbst über meines
Sydneys Tod weinen mußtet; eröffnet euch für meine
schnelle Flüche!

Kirke. Eure Flüche zergehen in der Luft.

Lille. Nein! sie steigen hin zum Himmel, und
wecken dort die Langmuth Gottes, der ihr so lange
ungestraft gespottet habt: mit einer schweren Fluth
von Strafen werden sie auf eure vom Laster gebeugte
Nacken herabstürzen! — Gott du bist gerecht! ja, du
hörest die Stimme der gekränkten Unschuld! Wohlan:
Unglück, Kummer, folternde Angst, verzehrende Ge=
                                                    wissens=

wissentliche, marternde Schrecken des Lasters; und
Verzweiflung, begleite euch in die Hölle! Mörder!

Kirke. (Ihr seyd die Mörderin!) ihr hättet Syb-
rey retten können, ihr wißt!) — — Elendes Weib!
deine tugendhafte Größe both mir gestern Trotz, heute
liegt sie überwunden, zu meinen Füßen! sieh hier
deinen Sieg! dein Ritter ist erwürgt! deine Tugend
hab ich einschläfern lassen! (wirft ihr eine blaue Schleife
in das Angesicht) hier hast du das Zeichen ihrer Schande, und ihrer Niederlage!

Lille. (betrachtet und erkennet die Schleife) Ha
Schande! (fällt ohnmächtig zu Boden)

Kirke. Lassen wir sie!, wir wollen zum Frühstück,
es wird Zeit in die Kirche!

Dritter Auftritt.

Lille. (richtet sich nach einer Pause langsam auf,
und spricht im Wahnsinn) Wo ist er? — er ist nicht
entflohn! — sahest du ihn nicht Liebe — nicht wahr,
er weinte? — — — Was war das für ein
Mann? — du — der da! — schaff mir ihn wieder!
— (zeigt die Schleiffe) mit diesem Strick haben sie
ihn erhenkt! — weiß war er gekleidet! — ein
schwarzer Mann folgt ihm! — (hinter der Scene wird
geläutet: horcht) wie traurig! — sie läuten einen guten Freund in's Grab! (horcht noch immer) — Es
ist Zeit in die Kirche! — Ich will hin, will ihn fra-

gen, warum mein Sydney weint? — Ha, die kalten Unempfindlichen! was that er euch, daß ihr ihn mir raubtet? — (kommt gegen den Todten zu) wie! du noch hier? — halt! (zeigt die Schleife) mit diesem Dolch will ich! — o! — (bleibt starr stehn).

Vierter Auftritt.

Harrington. Chertsey. Lille.

Chertsey. (Noch hinter der Szene) Er ist eben beim Frühstück!

Harrington. (schon in der Szene) Ich muß ihn sprechen, ich hab Aufträge vom König an ihn.

Chertsey. Ich werd euch melden. (ab)

Harrington. Himmel was seh ich?

Lille. (fällt ihm um den Hals) Sydney mein Geliebter! du wiederum hier?

Harrington. (schüttelt sie) Lille! Lille! Kennt ihr mich nicht?

Lille (erholt sich) Ja, ich kenn euch! — Heute — nein — gestern — ja — gestern sah ich euch! — Ihr seyd — Sydneys Freund! — o Gott, wie ist mir?

Harrington. Ich bringe Gnade vom König!

Lille. Zu spät! (zeigt auf Sydney) er ist — schon — todt! —

Harrington. Todt?

Lille. Und ich — entehrt! —

Har

Harrington. Von wem? wie? ſprecht! wir haben nur wenige Augenblicke!

Lille. Von Kirke! — er hat mir einen Schlaftrunck beigebracht — dieſe Schleiffe hat er mir geraubt!

Harrington. Gebt her! Rache! Rache! ſeyd ruhig! ruhig ſag ich euch! entfernt euch! man kömmt.

Chertſey. Der Obriſte wird ſogleich erſcheinen! (Chertſey ſieht ſchlau auf Harrington, ob er ihn nicht beobachte, und läßt den Vorhang herab.)

Fünfter Auftritt.

Kirke. Harrington.

Kirke. Willkommen Mylord!

Harrington. Euer Diener! Ich hab die Ehre euch eine Bille vom König zu überreichen.

Kirke. (lißt: Harrigton ſinnet hinter ihm, auf Rache) Hm! Hm! Hm! Romney hinterbracht uns die unangenehme „Nachricht.„ So! daß man ihm ſeine Verräther aus dem Weg räumt; das iſt ihm unangenehme Nachricht. Wehe dir Held! wenn Tafeldecker und Kammerbiener, beim König ſprechen. „Hm! Hm! Hm! wir verbiethen euch dergleichen Grauſamkeiten,„ — So ſprechen Fürſten, die mehr mit dem Roſenkranz, als mit dem Schwerd gefochten haben. — Hm! Hm! Hm! — „Harrington, den wir

an Romneys Stelle abzuordnen, für gut befunden
haben.„ Dem äusseren Ansehen nach, scheint er euch
brauchbarer zu seyn, als Romney. — — Hm! Hm!
Hm!„ dem Ritter Sydney, unsere Gnad und Schutz,
— Gnade für Sydney, ist medicina post mortem! das
hat euch also nicht gelungen, Herr Romney! (zu Harrington.) Freut mich Mylord, so einen würdigen Colle-
gen an euch bekommen zu haben, Romney war ein
ärgerlicher Pedant! mit der Gnade für Sydney, ist es
etwas zu spät, denn er ist schon von hier abgereist:
aber hohl mich der Teufel, er hat den Galgen verdient!

Harrington. Hat er ihn verdient, so mag er
daran hängen, ob von diesem Geschmeiß einer mehr
oder weniger hängt, thut nichts zur Sache!

Kirke. Ihr denckt, wie ein braver Mann dencken
muß, so dacht ich auch. — Ihr werdet mir die Ehre
eurer Gesellschaft häute zu Mittag geben, ist verzeiht,
man hat schon das Zeichen zur Kirche gegeben, heut
ist Sonntag.

Harrington. Nur noch ein Wort von äusserster
Wichtigkeit! bald hätt ichs vergessen. Bei meiner An-
kunft, in Bridgewater, sah ich eine Menge Bürger
und Pächter, an der Zahl ohngefähr 200. auf einem
Hauffen beisammen stehen, sie theilten sich einander
verschiedene Wehrinstrumente aus: Ich bemerkte, daß
sie ernstlich entschlossen wären, in Kirkes und Jeffreys
Woh-

Wohnung einzufallen (Kirke erschrickt) und beide zu ermorden.

Kirke. (zitternd) Um Gotteswillen! Ihr seyd mein Schutzengel! der Himmel rettet mich durch euch! Chertsey, ruft Darring und Clarendon zu mir, auch ihr kommt mit allen Hausleuten wieder. (ab) Gottloses Volk! —

Harrington. Die Leute sind bis zur Raserey wider euch aufgebracht! aber schleunige und gute Anstalten werden ihre Wirkung thun.

Kirke. Wie gefährlich ist's bei diesen Zeiten ein großer Mann zu seyn!

Harrington. Wircklich! England hatte noch keinen Kirke, und Jahrhunderte werden vorübergehen, ehe es wiederum einen an das Tageslicht bringen wird.

Sechster Auftritt.

Clarendon, Tarring, Chertsey, Hausleute, die Vorigen.

Kirke. Wir sind in äußerster Gefahr: das Volk ist aufrührisch, sie wollen uns stürmen! Clarendon ihr geht zum Kanzler, macht ihm die Gefahr zu wissen, er soll keinen Fußtritt aus dem Hause thun. Ihr Tarring, brecht sogleich mit 200 Mann auf, ziehet der Rotte entgegen, gehauet, zerfetzet, macht alles nieder, was euch im Wege stehet! Chertsey mit den Hausleu=

ten

then, lauft voran, und spähet sie aus: geht Kinder!
eilt! Gott sey an eurer Seite!

Tarring. Wohin sollen wir uns wohl zum ersten wenden?

Kirke. (zu Harrington) Wo steht der Haufen?

Harrington. Am Ende der Stadt, seitwärts von
der Straße gegen Bath.

Kirke. Nun wißt ihrs! geht! säumt nicht! haltet
euch tapfer! und verschonet niemanden!

Tarring. Seyd ruhig! Tarring und sein schwarzer Bruder! (ab)

Clarendon. Ei! Ei! Ei! ich fürchte immer. (ab)

Lezter Auftritt.
Kirke, Harrington, Lille.

Kirke. (zu sich) Ein banges Gefühl prediget mir
nichts gutes!

Harrington. (zu sich) Der erste Schritt ist gelungen! Ich hab ihn nicht nur hülflos, sondern auch zag-
haft und furchtsam gemacht.

Kirke. O daß ich nur diesesmal noch der Gefahr
entränne, dann will ich meine Macht verstärken, und
wenn ich bisher mit dem aufrührischen ketzerischen
Blute gespielt habe; so will ich in Zukunft damit
schwälgen.

Harrington. Der entscheidende Augenblick ist da!
Gott! Rächer der Unschuld und Tugend! seegne dein
                                                    Werk.

Werk. (nimmt die Schleife, zu Kirke) Mylord! hier hab ich was ganz allerliebstes gefunden; ohne Zweifel ein Angedenken einer jungen Schönen?

Kirke. Laßt mich! — Wenn meine Leute die Rotte uns erhaschen!

Harrington. Seyd ohne Sorgen! — Zum Henker! ein Soldat, ein Held! und so furchtsam? nehmt doch.

Kirke. (nimmt die Schleife) Nun! und was soll ich mit diesem Tand?

Harrington. Bemerkt ihr nichts an dieser Schleife?

Kirke. Ha! ha! das Siegeszeichen eines Ueberwinders der Tugend einer jungen Metze?

Harrington. (zornig) Metze? (besinnt) eines Ueberwinders? (zieht den Vorhang auf, worunter Sydney noch Ixt und Liske zu seinen Füßen weint) seht hin!

Kirke. Nun?

Harrington. Fühlt ihr nichts?

Kirke. Herr! euer Benehmen kommt mir wunderlich vor!

Harrington. Nur wunderlich? nicht auch fürchterlich (faßt ihn bei der Hand führt ihn der Gruppe näher) Tretet näher! sagt euch euer Gewissen nichts?

Kirke. So wahr Gott meiner armen Seele gnädig seyn wird! kein Wörtchen!

Harrington. (wiederum vorwärts) Seht mich an!

Kirke. Herr euer Betragen ist mir räthselhaft!

Harr

Harrington. (stellt sich vor die Stirne.) Leset hier
die Auflösung! Was leset ihr auf dieser Stirne?

Kirke. Nichts! oder wenn ihr mir erlauben wollt
etwas Teüfleit. — —

Harrington. Ihr habt das Lesen vergessen. Ich
will's euch nochmals lehren. Sehet dort eure Ankläger, eure doppelte Schandthat Bösewicht! und hier, euren Richter! Dort den Weisen, den Gerechten ermordet, die Tugendhafte geschändet! hier ihren Freund, und ihren Richter! Sehet noch einmal hin! es ist euer Werk! Das
Werk eines Bösewichts, wie die mißgebährende Natur
alle Jahrtausende, nur Einen hervorbringen kann! sehet
hin! es ist die schändlichste Bluttat, und die blutigste
Schandthat, die jemals starrsehende Wuth, und kin-
kende Geilheit den Thränen des sanften Mitleidens und
dem Fluch der Gerechtigkeit dargestellt hat! Alle Mord-
thaten, die ihr jemals begangen habt, werden durch
diese einzige entschuldiget; sie ist so Einzig, so mit keiner
zu vergleichen, daß sie jede andere mörderische Bluttat
zum Kinderspiel macht, wenn man sie gegen dieß schreckliche Schauspiel hält! Es ist eine verdammte namenlose
That! Engel haben sie mit Thränen aufgezeichnet, und
Teufel mit flammenden Zügen in die Pforten der
Hölle, zum Trost der Verdammten, die gegen dich Abentheuer Heilige seyn könnten, eingegraben! Nun bist du
an deinem Ziel! bis daher hast du kommen können,

weiter

weiter kannſt du nicht! Gott hat dir den Stab gebrochen! hätt' er's nicht, deine ungeſtrafte Laſterthaten
würden dem Schwachen ſein Daſeyn zur Fabel gemacht,
und Gottesläugner heilig geſprochen haben! (ſiebt
das Schwerd) Sieh hier das Werkzeug der Rache des Himmels! noch iſt es rein von Menſchenblut, deine Mörds-
haut ſoll ihm zur Scheide dienen! Vertheidige dich Beſtie!

Lille. (läuft herbei ſtellt ſich in die Mitte) Harrington! um Gotteswillen! ſchont euch! wenn ihr umkommt
was bleibt mir übrig?

Harrington. Fürchte nichts Lille! ſieh wie die
Memme zittert! (zu Kirke) Ha Schande, dein Zittern
beſchimpft deine Buſenfreunde, das Laſter und den
Teufel. Noch geſtern drohteſt du alle Menſchen zu ver-
ſchlingen, heut ſtehſt du da wie eine gefangne Maus,
elender als das elendeſte Thierchen. Kein Geſchöpf
iſt ſo verächtlich, das ſich nicht Sicherheit verſchaffen
kann, wenn es nur Muth hat, ſich zu vertheidigen!
Wo iſt dein Muth? das Ubermaas deiner Laſter hat ihn
erſtickt, er iſt dir in die Hölle vorgefahren, dort bettelt
er lahm und gichtbrüchig: geh! hohl ihn dort! Teufel
halten ihn gefangen, damit du ihnen gewiß werdeſt,
denn ſie freuen ſich ſchon deiner! vertheidige dich!

Kirke. Laßt mir doch um Gotteswillen, nur einen
Augenblick Zeit, damit ich mit meinem Gewiſſen Rechnung halten kann!

Harrington. Nur einen Augenblick? Jahrhun=
derte brauchst du dazu, und da du nur einen Augen=
blick verlangst, machst du dich nur noch strafbarer! kei=
nen Augenblick länger! Vertheidige dich! (Kirke zieht
das Schwerd, wird bekarmirt) du kannst nicht? Es ist
billig! sieh! ich stecke mein Schwerd in die Scheide,
du sollst nicht im Zweikampf sterben, dieser Tod gehört
nur für Beleidiger, oder Rächer des Vorurtheils, das
man Ehre nennt; du hast nicht nur Himmel und Erde
beleidiget, sondern auch Unschuld und Tugend geschän=
det! du verdienst kaum mehr einen Meuchelmord! (zu
sich) doch ein Meuchelmord der Kirken vertilgt, ist
Wohlthat für die Menschheit; und der Meuchelmörder
ein Bote Gottes (stößt ihm einen Dolch in den Leib und wirft
ihn zur Erde) stirb Bösewicht und werde Teufel — —
Nun hast du deinen Lohn!

Kirke. Gott! — Gott! — sey mir gnädig! —

Harrington. Das wird, das kann er nicht, denn
er ist gerecht!

Kirke. Wie streng — sind — deine — Ge=
richte! —

Harrington. O daß du sie in ihrer ganzen Schwe=
re fühltest!

Kirke. Ach! — euer Blut! — ihr röchelt! —
ja ich hab euch ermordet! — Ganut! — Sydney! —
weg! — weg! — vergebt mir! —

Har

Harrington. (zur Lille) Die Schatten der Erschlagenen verfolgen ihn! — Da liegt er auf dem Ufer der Ewigkeit, bestürmt und überschwemmt vom Gefühl des Lasters, und von der Furcht der Straffe, ausser den Gränzen der menschlichen Hülfe, und in Verzweiflung an der göttlichen: — der nächste Athem den er aushaucht, bläst ihn ins endlose Verderben hinab.

Lille. O wie schrecklich ist der Tod des Lasterhaften! er hat das meiste von der Hölle, was auf Erden davon sichtbar ist.

Kirbe. Wehe mir! — wehe mir! — ach! ich bin verdammt! — wehe —

Harrington. Das hast du verdient! du solltest tiefer verdammt seyn als Judas man sollte dich vom Lucifer nicht unterscheiden können! — o gewiß hätte der Schöpfer nicht seit 6000 Jahren beschlossen zu ruhn, für dich würd' er heut eine neue Hölle schaffen, denn der alten mängelts an Qualen dich nach Verdienst zu martern! — Jetzt schlüpft seine schwarze Seele aus ihm hinweg, nimmt aus jeden Glied Abschied. — O faßet sie nie erfundene Qualen! bindet sie tausend Jahre mehr, ihr seeligen Engel in jenem grundlosen Pfuhl! laßt sie nicht heraufsteigen, und die Menschen zu unnatürlichen Trauerspielen verführen! nun ist er todt! (geht zu Sydney nimmt ihm den Strang vom Hals) Sydney! du bist gerächet! du hast überwunden! dieser Strang, und

dieser

dieser Dolch, seyen die Zeichen die uns das Andenken deines Sieges unsterblich machen sollen. — So triumphirt die Tugend alle tausend Jahre einmal! — Un glückliches Land in dem der Tugendhafte durch die Hände des Henkers sterben; und der Rechtschaffene zum Meuchelmörder werden muß, um Bösewichte aus der Welt zu vertilgen. (zur Lille) Nun Lille ist es an dem daß ich meinen, auf Sydneys Fesseln abgelegten Eid erfülle, und dich gegen dein Schicksal beschütze; erkenne Harrington deinen Freund! (legte seine Rechte in die Linke Hand der Lille, sohre Linke in ihre Rechte; sodaß Sydney in ihrer Mitte ist) Dir bey der entseelten Hülle deines verklärten Gemahls schwör ich dir heilige und unzerbrechliche Freundschaft!

Lille. Mann! Freund! Schutzengel! oder wie ich dich nennen soll! ich bin in deinen Händen! mein Herz ist todt! mit diesem (zeigt auf Sydney) stach es! Fluthen sich ergießender Ströme der Thränen werden auch mein jammerreiches Daseyn bald an das Ufer des Todes hinwälzen!

Harrington. Nun komm, und laß uns gehen! — Sydney! du lächelst wie von oben herab, daß ich deine Lille rette; erflehe du Trost und Seelenruhe für deine Gattin.

Lille. (schon bei den Kulissen. Die Hand ringend) Sydney! — liebtest du mich Sydney; so erflehe mir bald den Tod! (ab)

Ende des Trauerspiels

* * * *

Wo der letzte Auftritt im vierten Aufzug, und
die im fünften Aufzug mit der Schleife vorkom-
mende Handlung anstößig scheinet; können
folgende Veränderungen an ihrer Stelle
gesetzt werden.

* * * *

Vierter Aufzug.
Zwölfter Auftritt.
Kirke. Tarring.

Kirke. Lieber Tarring! und so weiter wie oben bis:

Kirke. Sagt mir's doch wie ihr es anstellen wollt!

Tarring. Ein Schlaftrunck, und — lebt wohl!

Kirke. Nein! — das will ich nicht, das wäre
ein Schurkenstreich. Ihr wißt ja, daß ich gern gerades
Weges gehe! Weiter ist es mir mehr um Rache und
Demüthigung, als um die Gunst dieser Elenden zu thun.

Tarring. Wißt ihr was bessers?

Kirke. (nachdenkend) Halt! geht hin zur Ladi,
sehet daß sie frühe Morgen wieder zu mir komme, und
für ihren Gemahl bitte; bringt ihr bessere Begriffe
von meiner Großmuth, Güte und Rechtschaffenheit bei,
sagt ihr ich hätte gestern durch meinen Liebesantrag
ihre Standhaftigkeit nur auf die Probe stellen wollen
Hab' ich sie nur einmal hier, so will ich ihr zeigen,
was Weibertugend gegen den Mann vermag, der
Macht in seinen Händen hat.

Tar

Tarring. (schlau) Ihr seyd euch immer gleich, sogar in der Liebe, groß, und ein Held! dacht' ich's nicht gleich, Gewalt schickt sich für Kirke besser, als List?

Kirke. Geht Schurke, vollzieht meine Befehle! mit Sydney bleibt es beim alten.

Tarring. Adieu Herr Collega!

Fünfter Aufzug.
(Im Saal des Kirke.)
Erster Auftritt.
Tarring. Kirke.

Tarring. Ich hab meinen Mohren — und so weiter wie oben bis:

Tarring. Ich hab ihn noch vor Tagesanbruch hieher bringen lassen.

Kirke. Sind auch die Hausleute entfernt?

Tarring. Es ist alles aus dem Hause!

Kirke. Wenn ich euch dann winke so gehet zum Kanzler und erwartet mich dort zur Kirchenparade.

Tarring. Eben kömmt unsre Heldin!

Zweiter Auftritt.
Kirke. Lille. Tarring.

Kirke. Sie schon hier meine Schöne? und so weiter, wie oben, bis:

Lille. Wär' es Schlaf, Ohnmacht, oder Tod, das weis ich nicht, nur das weis ich, daß beim Er-

wachen

wachen mein erster Seufzer Sydney war, lebt er noch! oder ist er tod? peiniget mich nicht länger!

Kirke. Ihr sollt euren Gemahl wieder haben, und so weiter, wie oben bis:

Kirke. Schonet euch Labi! ihr erschöpft euch. (winkt dem Tarring, daß er abtrete)

Lille. Ja! — ihr habt recht! — und so weiter, wie oben bis:

Kirke. Ihr seyd die Mörderin! ihr hättet Sydney retten können, ihr wißt! — Elendes Weib, deine tugendhafte Grille both mir gestern Trotz, sieh deinen Sieg! dein Ritter ist erwürgt, und du in meiner Macht! (faßt sie bei der Hand will sie wegziehen)

Lille. Lasterhafter! was willst du von mir? — willst du mich tödten? Tödte mich hier zu den Füßen meines Sydney! (Kirke faßt sie nochmals, und will sie mit Gewalt wegziehen) Gott! Hilf! Hilf! Gott wo ist deine Macht?

Kirke. Folge mir (zieht einen Dolch) oder —

Lille. Nein, Oder — Tödte mich!

Kirke. (wirft den Dolch weg) Nein! nicht tödten, zertreten will ich dich armseeliges Würmchen! dann magst du deine Tugend im Staube suchen. (faßt sie um die Mitte, will sie fortschleppen)

Lille. Wehe mir! Gott, hast du keinen Engel mehr, der mich rette? — meine Unschuld! (Kirke verstopft ihr den Mund) Hilf! Rettung! Rache!

Dritter

Dritter und lezter Auftritt.

Harrington, die Vorigen.

Harrington. (ſieht den Dolch, läuft damit nach Kirke) Was iſt das? Lille!

Lille. Rette mich Harrington!

Harrington. (erreicht Kirke an der Kuliſſe) Halt! Mord! (ſtößt Kirke den Dolch im Leib, und wirft ihn zu Boden) Wo iſt Sydney, ich bring Gnade vom König, für ihn!

Lille. Zu ſpät! — Er iſt todt! (zeigt hin auf Sydney)

Harrington. Ha, Böſewicht!

Kirke. Wehe! wehe mir!

Harrington. Der Stich iſt tödtlich: ſtirb Abentheuer und werde Teufel!

Kirke. Gott! Gott! ſey mir gnädig! und ſo weiter wie oben bis:

Lille. Mann! Freund! Schutzengel! oder wie ich dich nennen ſoll! Ich bin in deinen Händen! Heil dir Retter meiner Unſchuld! Dir dank ichs, daß ich noch einige Tage leben kann, um über meinen Sydney zu weinen! mein Herz iſt todt. — — und ſo weiter, wie oben bis an's Ende.